PONS

Diktate für JUNGS 1.-4. Klasse

von
Marc Beck

PONS GmbH
Stuttgart

PONS

Diktate für
JUNGS
1.-4. Klasse

von
Marc Beck

Auflage A1 5 4 3 2 1 / 2012 2011 2010 2009

Produktinfos und Online-Shop: www.pons.de
E-Mail: info@pons.de
Online-Wörterbuch und Online-Bildwörterbuch: www.pons.eu

Redaktion: Canan Özdamar
Logoentwurf: Erwin Poell, Heidelberg
Logoüberarbeitung: Sabine Redlin, Ludwigsburg
Titelfoto: Fotolia X, Fotolia
Einbandgestaltung: Daniel Müller, Stuttgart
Illustrationen: Vera Brüggemann, Bielefeld
Layout: one pm, Petra Michel, Stuttgart
Satz: andrea grundmann kommunikationsgestaltung, Karlsruhe
Druck und Bindung: Print Consult GmbH, München

Printed in Slovak Republic.
ISBN: 978-3-12-561641-7

Hallo und willkommen!

Mit diesem Buch kannst du Diktate zu Piraten, Tieren, Sport, Abenteuern und vielem mehr üben und dabei die wichtigsten Rechtschreibthemen aus dem Deutschunterricht trainieren.

Das Buch ist nach Rechtschreibthemen geordnet. So kannst du dir gezielt das Thema für deine Klassenstufe aussuchen, das du üben möchtest. Das findest du im **Inhaltsverzeichnis**. Du kannst dir aber auch aus dem **Themenverzeichnis** ein Thema aussuchen, das dich interessiert – zum Beispiel Ritter – und dazu ein Diktat üben. Die Zahl vor dem Titel verrät dir, zu welcher Klasse das Diktat gehört.

Vor jedem Diktat kannst du die **Regel**, die geübt wird, nachlesen. Auf vielen Seiten gibt dir außerdem die **Tipp-Box** weiterführende Ideen zum Üben, Spielen, Bauen und Basteln.

So sieht die Tipp-Box aus.

Manche Tipps kannst du alleine umsetzen, für andere brauchst du einen Partner. Frag einfach deine Eltern, Geschwister oder Freunde.

Versuche doch diese Tipps umzusetzen, so kannst du dich zwischendurch bewegen und auch mal ganz anders üben. Danach kannst du dich viel besser konzentrieren.

Und nun – viel Spaß!

Klasse | Seite | bearbeitet

Inhalt

Ritter und Piraten

Technik

Themen

Sport, Spiel und Freizeit

Abenteuer und Freundschaften

Natur, fremde Länder und Fakten

Themen

Magische Welten

Richtig diktieren

Ratgeber für Eltern

Liebe Eltern,

Oft werden Diktate einfach nur vorgelesen. Klar wird das auf die Dauer langweilig. Es gibt aber viele Möglichkeiten, wie man mit Diktaten umgehen kann, sodass sie Spaß machen und man noch so ganz nebenbei topfit in der Rechtschreibung wird. Deshalb haben wir auf den nächsten Seiten Spiel- und Übungsvorschläge für Sie und Ihr Kind zusammengestellt. Noch mehr weiterführende Ideen finden sie in den **Tipp-Boxen**, die unter den Diktaten auftauchen.

Lesen Sie die Tipp-Boxen immer durch, bevor Sie beginnen den Text zu diktieren. Sie können die jeweiligen Tipps natürlich auch für andere Diktate einsetzen. Manche Tipps kann Ihr Kind alleine umsetzen, für andere braucht es einen Partner. Das können Sie sein oder aber ein Freund oder Geschwister.

Vor jedem Diktat wird eine Rechtschreibregel erläutert, die anschließend im Text behandelt wird. Die zu übenden **Diktatwörter** sind farbig hervorgehoben, sodass sie auf einen Blick erkennbar sind.

Schwierige Wörter und Eigennamen, die ihr Kind möglicherweise noch nicht kennt, sind **fett und schwarz** gedruckt. Diese Wörter sollten sie daher buchstabieren.

Richtig diktieren wie in der Schule

Bevor Sie einen ganzen Text in Angriff nehmen, sollten Sie zunächst die **Diktatwörter mehrmals üben lassen**. In den Tipp-Boxen finden sie viele Ideen, wie Ihr Kind auch einzelne Wörter abwechslungsreich üben kann.

Wenn Sie den Text diktieren, ist es wichtig, auf einige Punkte besonders zu achten:

1. Lesen Sie zunächst den **kompletten** Text vor. So kann Ihr Kind den Sinn des Textes am besten erfassen.
2. Lesen Sie dann den ersten Satz vor.
3. Diktieren Sie dann den Satz langsam und betont, indem Sie ihn nach Sprechtakten und Sinnabschnitten unterteilen. Ein ganzer Satz ist oft zu lang zum Merken.
4. Lesen sie nun den nächsten Satz am Stück vor und diktieren ihn danach wie unter 3. beschrieben.
5. Nach dem letzten Satz lesen Sie noch einmal den ganzen Text langsam vor. Nun hat Ihr Kind die Möglichkeit, seinen Text zu prüfen und mögliche Lücken zu füllen.
6. Zum Schluss lassen Sie ihr Kind den Text laut vorlesen. Dadurch hat es die Möglichkeit, noch einmal seinen Text zu kontrollieren und eventuelle Lücken und Fehler zu korrigieren.

Unter jedem Diktat befindet sich eine Angabe über die Anzahl der Wörter und eine Möglichkeit für Sie, festzuhalten, wann das Diktat geübt wurde.

Notieren Sie immer Fehleranzahl und Datum. So behalten Sie den Überblick über den Lernfortschritt Ihres Kindes, wenn Sie das Diktat ein weiteres Mal üben.

Und nicht vergessen: Loben Sie Ihr Kind!

Weitere Tipps

Zusätzlich zu den Tipp-Boxen im Buch können Sie auch mit folgenden Vorschlägen, die sich direkt an Ihr Kind richten, das Üben abwechslungsreich und bewegungsaktiv gestalten:

Laufdiktat

Lege den Diktattext an einen entfernten Ort (Fensterbank, Balkon). Gehe zu dem Diktat und lies mehrere Wörter. Merke sie dir gut. Gehe nun zu deinem Heft zurück und schreibe die Wörter aus dem Gedächtnis auf. Das wiederholst du, bis du den ganzen Text in dein Heft übertragen hast. Lies den Text zum Schluss noch einmal durch und korrigiere mögliche Fehler. Vergleiche nun deinen Text mit der Vorlage.

Lernwörter-Kopfstand

Suche 15 Diktatwörter heraus und schreibe sie auf Kärtchen. Stelle sie nun kopfüber auf – am besten auf einem Regalbrett, einer Kommode oder Ähnlichem. Nachdem alle Wörter einen „Kopfstand“ gemacht haben, gehe so weit zurück, dass du sie gerade noch erkennen kannst. Versuche herauszufinden, wie die Wörter heißen. Schreibe sie dann auf ein Blatt Papier. Anschließend sammelst du die Kärtchen wieder ein und kontrollierst deine Wörter. Wie viele waren richtig? Wenn du fit genug bist, kannst du auch die Kärtchen „richtig herum“ aufstellen und selbst einen Kopfstand machen!

Diktatwörter stechen

Lege eine alte Zeitung vor dich hin und nimm einen Bleistift in die Hand. Nun schließe die Augen und stich mit dem Bleistift in das Zeitungspapier. Mach die Augen wieder auf und sieh nach, welchen Buchstaben du getroffen hast. Suche nun ein Diktatwort, das diesen Buchstaben enthält, und schreibe es auf. Kontrolliere zum Schluss, ob du es richtig geschrieben hast. Dann geht es auf zum nächsten Wort!

Computer-Lernwörter

Habt ihr einen Computer zu Hause? Wunderbar! Starte zuerst das Schreibprogramm. Schlag nun das Buch auf und suche ein Diktat heraus, das du schon bearbeitet hast. Schau dir die Diktatwörter ganz genau an. Klappe nun das Buch zu und schreibe nun auswendig so viele Wörter wie möglich in dein Schreibprogramm. Sortiere dann deine Wörter nach dem Alphabet. Schlag nun das Diktat wieder auf und kontrolliere, ob du alle Wörter richtig geschrieben hast. Mit jedem Diktat, das du schreibst, kannst du deine Wortliste erweitern. Du kannst sie auch ausdrucken und hast dann eine ganz persönliche Diktatwörter-Liste.

Überblick über die gängigen Grammatikbezeichnungen:

Nomen	Namenwort, Substantiv	das **Auto**, die **Autos**
Verb	Tu(n)wort, Zeitwort	ich **lache**, ich **lachte**, ich **habe gelacht**, ich **werde lachen**
Adjektiv	Wiewort, Eigenschaftswort	der **blaue** Himmel
Präposition	Verhältniswort	**in** der Schule, **auf** dem Dach
Konjunktion	Bindewort	Er freut sich, **weil** er Ferien hat.
Artikel	Begleiter	**der/ein** Hund, **die/eine** Katze, **das/ein** Pferd

Und nun, viel Erfolg beim gemeinsamen Üben!

Lautgetreues Schreiben

Viele deutsche Wörter **schreibst** du genauso, **wie du sie sprichst**. Hör genau zu und sprich die Wörter beim Schreiben laut und deutlich mit.

Tom und Tim

Tom malt in der Schule ein Bild:
Sonne, Regen, Wolke, Mama und Papa.

Tim malt:
Oma und Opa, Elefant, Hund, Hut.

Das tun Tim und Tom:
reden, lesen, malen, baden.

Häufige Wörter

Einige **Wörter** kommen ziemlich **oft** vor. Übe sie immer wieder und merke dir ihre Schreibweise gut.

Spiel mit Wörtern

Jetzt bin **ich da**, **das** freut **dich** bestimmt.

Vielleicht sagst **du ja**,

aber wehe du sagst **nein**.

Wenn es besser für dich ist,

dann bleibe **ich gerne hier**.

Und wie schön die Sonne scheint

oder stehst **du lieber im Regen allein**?

Sprechsilben erkennen

Alle Wörter bestehen aus einer oder mehreren **Silben**. Lies die Wörter zuerst laut und klatsche bei jeder Silbe in die Hände. Setze dann die Silbenbögen. Schreibe nun die Wörter ab und sprich dabei das Wort beim Schreiben laut mit.
Beispiel: Pi - ra - ten. Das Wort hat also 3 Silben.

Das brauchst du im Fußballverein

Schuhe	Hose	Bälle
Tore	Spiel	Gegner

Sprechsilben helfen beim richtigen Schreiben

Beim Klatschen kannst du **schwierige Buchstabenverbindungen** hören, die dir sonst nicht auffallen. Sprich **Hammer** einmal ohne und einmal mit Klatschen. Hörst du den Unterschied? **Hammer** – **Ham-mer**! So merkst du, dass du **mm** schreiben musst.

Ins Wasser gefallen

Wetter	**Donner**	**Wasser**
Bälle	**Nässe**	**klemmen**

Reime klingen gleich

Wörter, die am Ende **gleich klingen**, nennt man Reimwörter. Sie sind praktisch, weil sie am Ende meistens **gleich geschrieben** werden. Lies die Wörter laut. Übermale die Wortenden, die sich reimen in der gleichen Farbe. Findest du noch mehr Reime?

Ein Reim mit Ritter

„Ist das bitter“,
schreit der Ritter.

Er verzieht den Mund
und sieht dabei aus wie ein ________.

Zahlenreim

Eins, zwei, drei – bist du dabei?

Fünf oder vier – warum bist du nicht hier?

Sechs bis neun – mich würde das freuen.

Zehn und aus – wir verlassen jetzt das Haus.

Schwierige Laute am Wortende

Am Wortende klingen **b** und **p**, **d** und **t** sowie **g** und **k** ziemlich gleich. Wenn du diese Wörter **verlängerst**, kannst du meistens deutlich hören, um welchen Laut es sich handelt.
Beispiel: Die**b** – Die**b**e, al**t** – äl**t**er, Zu**g** – Zü**g**e. Fallen dir noch mehr schwierige Wörter ein?

Schau genau hin!

Sieb **piep**

Wald **halt**

klug **Spuk**

Das „ei"

In vielen Wörtern erklingt ein Laut, der sich wie **ai** anhört. Man **schreibt** ihn fast immer mit **ei**. Merke dir diese Wörter gut!

Eine gute Nachricht

Morgen hast du **frei**,

deswegen bist du heute **bei** der **Feier dabei**!

Der lange i-Laut

Hörst du einen **langen i-Laut**, musst du häufig **ie schreiben**. Schreibe diese Sätze ab und lies die Wörter laut und deutlich mit. Übermale den langen i-Laut mit deiner Lieblingsfarbe.

Verschiedene Wörter

Die Diebe schleichen sich leise an.

Sie wissen, **hier** ist **viel** zu holen.

Es ist dunkel und kalt.

Sie frieren sehr.

Da bellt ein Hund.

Schnell flüchten **sie.**

Hierher kommen **sie nie wieder.**

1. Diktate für die 2. bis 4. Klasse

1. Groß- und Kleinschreibung

Der Satzanfang

Das **erste Wort** im Satz wird **großgeschrieben**. Nach einem Punkt, Ausrufezeichen oder Fragezeichen beginnt der nächste Satz mit einem Großbuchstaben.

1 Torschuss

Paul ist Stürmer. **Er** läuft auf den Torwart zu. **Gespannt** verfolgen die Zuschauer das Geschehen. **Wird** er ein Tor machen? **Paul** schießt. **Der** Ball fliegt auf den Torwart zu. **Schnell** reißt dieser die Arme hoch und fängt den Ball. **Jubelnd** feiern ihn die Zuschauer.

43 Wörter · diktiert am: ....

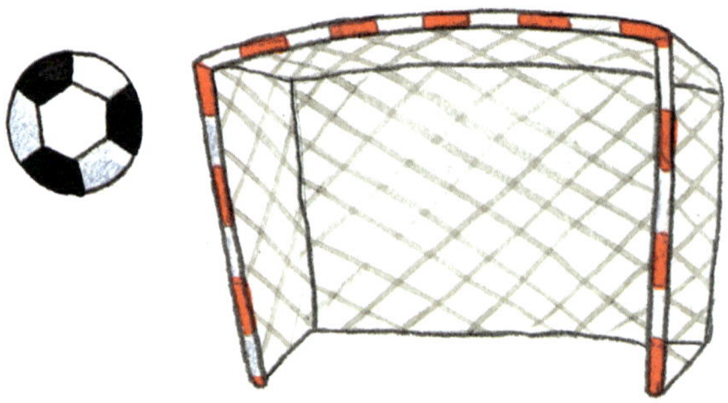

Eigennamen und Nomen

Eigennamen stehen für eine Person oder ein Tier: **Emma**, **Herr Müller** und **Waldi** zum Beispiel. Du schreibst sie **groß**. Auch Nomen, die mit Eigennamen zusammen auftauchen, werden mit einem Großbuchstaben geschrieben: **Tante** Anne, **Oma** Pia.

2 Der Roboter

Tim hat einen Roboter von seinem **Onkel** geschenkt bekommen. **Onkel Kai** ist ein Erfinder. Zusammen mit seiner **Mutter** sucht **Tim** nach einem Namen für den Roboter. Wie soll er heißen? **Tims Vater** hilft ihnen und hat eine Idee. „Nenn ihn doch **Herr Silber**, weil er so silbern glänzt."

48 Wörter · diktiert am: ....

Nomen

Nomen bezeichnen außer **Personen** (der Lehrer, die Schaffnerin) auch **Dinge** (der Helm, das Schwert), **Tiere** (der Wolf, die Wespe) und **Pflanzen** (die Blume, der Baum). Nomen werden immer **groß-geschrieben**.

3 Auf der Jagd

Der **Indianer** Flinker Fuchs versteckt sich hinter einem dicken **Baumstamm**. Die **Büffel** grasen ganz in seiner **Nähe**. Leise legt der **Indianer** einen **Pfeil** in den **Bogen**. Da taucht ein **Rudel Wölfe** auf, vor dem die **Büffelherde** flieht. Heute hat der **Indianer** kein **Glück**.

41 Wörter · diktiert am: ....

Na, bist du auch ein flinker Fuchs? Dieses Diktat kannst du auch als Laufdiktat üben. Wie das geht erfährst du auf S. 14

Wochentage und Uhrzeit

Die sieben **Wochentage** (Montag, Dienstag ...) schreibst du immer groß. Die **„Uhr"** der **Uhrzeit** schreibt sich mit einem Großbuchstaben (Jetzt ist es 9.00 Uhr, bald ist es 10.00 Uhr).

4 Vorbereitung auf das Endspiel

Am **Samstag** um **15.30 Uhr** steht Florians Mannschaft im Endspiel um einen wichtigen Pokal. Deswegen treffen sich die Spieler am **Montag**, **Mittwoch**, **Donnerstag** und **Freitag** und trainieren von **17.00** bis **19.00 Uhr**. Nur **Dienstag** haben sie frei. Wenn sie gewinnen, gibt es am **Sonntag** ein großes Fest.

45 Wörter · diktiert am: ....

Verben

Verben drücken aus, was jemand oder etwas tut oder was geschieht (Max lacht, Nina rennt, das Auto fährt, es regnet, es schneit). Verben werden **kleingeschrieben**.

5 Kampf um die Schatzinsel

Eine Horde wilder Piraten **ankert** vor der Insel **Kupali**. Auf ihrer Schatzkarte **ist** genau diese Insel **erwähnt**. Plötzlich **nähert** sich ein zweites Schiff. Die Piraten **feuern** mit ihren Kanonen. Mehrere Kanonenkugeln **reißen** große Löcher in das andere Schiff, das nach kurzer Zeit **sinkt**. Nun **gehört** der Schatz den Piraten. Sie **müssen** ihn nur noch **finden**.

54 Wörter · diktiert am: ....

Adjektive

Adjektive beschreiben wie Menschen, Tiere, Pflanzen oder Dinge **aussehen** und welche **Eigenschaften** sie haben (ein frecher Junge, ein bunter Schmetterling, ein alter Baum, ein gelbes Fahrrad). Adjektive schreibt man **klein**.

6 Lanzenstoß

Der **edle** Ritter Rüttelbart hat seine **glänzende** Rüstung angezogen. Gleich geht es los. Während er aufsteigt, wiehert sein **braunes** Pferd. Ein **dünner** Knappe reicht ihm die **lange** Lanze. Rüttelbart streckt sie nach vorn und reitet los. Sein Gegner ist der **gefährliche** Ritter Gnadenlos. Er kommt näher und näher. Rüttelbart trifft ihn an der Schulter und gewinnt das **entscheidende** Duell.

59 Wörter · diktiert am: ....

Sätze für das Buch der Rekorde
Schreibe alle Adjektive aus dem Diktat untereinander auf ein Blatt Papier. Schreibe nun hinter jedes Adjektiv die Steigerungsform. Bilde mit den gesteigerten Adjektiven „Rekord-Sätze“, die auch im Buch der Rekorde stehen könnten und schreibe sie auf.
Beispiel: lang – länger – am längsten ➜ Onkel Werner hat den längsten Bart der Welt.

Gedachte Dinge

Alle Nomen schreibt man **groß**. Manche Nomen beschreiben Dinge, die man anfassen kann. Dagegen beschreiben andere Nomen gedachte Dinge, die wir nur fühlen, denken oder uns vorstellen können (die Freude, die Angst, die Liebe, das Ende).

7 Poltern im Schrank

Julian wird von einem **Poltern** aus seinem Schrank geweckt. Neugierig schaltet er das Licht an und steigt aus dem Bett. **Angst** spürt er nicht. Da! Er hört ein leises Rascheln. Julian erreicht den Schrank und öffnet die Tür. In den Regalen herrscht ein riesiges **Durcheinander**, seine Pullover fallen ihm entgegen. Vor **Schreck** springt Julian zurück. Ein pelziger, blauer Kopf schaut zwischen den Hosen hervor. Julian grinst voller **Freude**. Jetzt kann ihm Mama keinen **Ärger** mehr wegen der **Unordnung** machen. Das pelzige Wesen hat daran **Schuld**.

84 Wörter · diktiert am: 11.11.09 – 24 Fehler
12.11.09 – 21 Fehler

Aus Verben werden Nomen

Verben schreibst du **klein**. Aber aufgepasst! Man kann Verben auch als Nomen verwenden und schon müssen sie **großgeschrieben** werden. Sie stehen dann oft nach einem Artikel oder Pronomen (das Laufen, mein Grinsen). Der Artikel kann auch mit einer Präposition verschmolzen sein (beim Essen).

8 Mitten im Spiel

Beim **Ausprobieren** seines neuen Computerspiels passiert Oliver etwas Merkwürdiges. Das Bild flackert immer wieder. Ungeduldig haut Oliver auf den Monitor, um das **Flackern** zu beenden. Plötzlich kribbelt seine Hand, das **Kribbeln** erfasst seinen ganzen Körper und im nächsten Moment befindet sich Oliver mitten in dem Computerspiel. Für einen Augenblick findet er die Situation zum **Fürchten**. Doch er hat keine Zeit zum **Nachdenken**, denn er steht auf einmal vor einem Außerirdischen mit drei Köpfen. Das komische Wesen kommt langsam auf ihn zu ...

85 Wörter · diktiert am: ....

Fortsetzung folgt!

Wie geht die Geschichte um Oliver wohl aus? Überlege dir, wie die Geschichte weitergehen könnte und schreibe sie auf ein Blatt Papier. Du kannst auch mit deinen Freunden einen kleinen Schreibwettbewerb veranstalten. Dazu liest du ihnen zuerst das Diktat vor. Nun schreibt jeder von euch seine eigene Fortsetzung. Lest euch nun eure Geschichten vor. Na, welche gefällt euch am besten? Vorher könnt ihr euch noch überlegen, welchen Preis der Sieger bekommt ... Wie wär's mit einer Portion außerirdischem Schleim?

Tageszeiten

Tageszeiten wie **Morgen, Vormittag, Mittag, Nachmittag, Abend** oder **Nacht** können als Nomen verwendet werden. Sie stehen dann oft nach einem Artikel oder einem Artikel, der mit einer Präposition verschmolzen ist (der Morgen, am Abend) und werden **großgeschrieben**.

9 Eine ungewöhnliche Aufforderung

Sommerferien! Der **Morgen** begann mit einem langen Frühstück. In Jans Detektivbüro, dass sich in einer Ecke seines Zimmers befand, gab es nichts zu tun. So konnte er sich den **Vormittag** Zeit lassen. Doch am **Mittag** brachte der Briefträger die Post und es wurde alles anders. Auf einer rätselhaften Postkarte wurde Jan aufgefordert, gegen **Abend** in den Park zu kommen. Den ganzen **Nachmittag** überlegte er, ob er der Aufforderung folgen sollte. Schließlich machte er sich gegen **Abend** neugierig auf den Weg. Dort stand auf einmal sein Vater und grinste ihn an. Die Überraschung war wirklich gelungen.

95 Wörter · diktiert am: ....

Die höfliche Anrede im Brief
Wenn du einen Brief an einen Erwachsenen schreibst, den du nicht gut kennst, benutzt du die höfliche Anrede **Sie** und die entsprechenden Formen (**Ihr, Ihre, Ihnen** ...). Die höfliche Anrede schreibst du immer **groß**.

10 Bericht vom Autorennen

Lieber Herr Lenz,

ich muss **Ihnen** unbedingt etwas erzählen. Wir waren bei einem Autorennen. **Sie** wissen ja, wie sehr ich Autos liebe. **Ihnen** wäre es zu laut gewesen, aber ich schwärme für quietschende Reifen und aufheulende Motoren. Die Startflagge wurde geschwenkt und alle Zuschauer sprangen begeistert auf. Bestimmt wären **Sie** auch nicht auf **Ihrem** Platz sitzen geblieben. Kurz vor Ende des Rennens gab es einen schlimmen Unfall, da wären **Sie** entsetzt gewesen. Zum Glück hat sich niemand verletzt und raten **Sie** mal, wer am Schluss gewonnen hat: mein Favorit.

Viele Grüße
Matthias

89 Wörter · diktiert am: ....

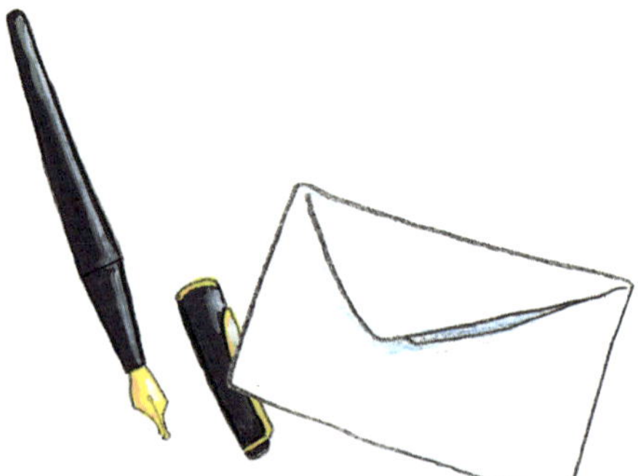

Die vertraute Anrede im Brief

Kennst du einen Menschen gut, sprichst du ihn im Brief mit **du** und **dein/deine** an. Diese Wörter **musst** du **nicht groß** schreiben, du **darfst** es aber.

11 Hallo Thomas!

Hoffentlich mache ich **dir/Dir** keine Angst, wenn ich **dir/Dir** schreibe, dass es bei euch spukt. Als ich in **deinem/Deinem** Bett geschlafen habe, ist eine weiße Gestalt erschienen, die umhergeschlichen ist. Ich bin ihr gefolgt und habe mir euer Schloss angesehen. Überall stehen gruselige Rüstungen. Spielst **du/Du** manchmal damit? Die Gestalt schlüpfte übrigens in das Zimmer **deines/Deines** großen Bruders. Als ich dort nachsah, lag **dein/Dein** Bruder schnarchend im Bett. Die Gestalt war verschwunden. Es war lustig, bei **dir/Dir** zu übernachten.

Schöne Grüße
Jonas

73 Wörter · diktiert am: ....

Aus Adjektiven werden Nomen

Adjektive können auch als Nomen verwendet werden. In diesem Fall schreibt man sie **groß**. Sie stehen dann oft nach einem Artikel (das Schöne), einer Präposition, die mit einem Artikel verschmolzen ist (zum Guten), einer unbestimmten Mengenangabe (viel Gutes) oder einem Pronomen (dein Bestes).

12 Tyrannosaurus rex (T-Rex)

Der **T-Rex** gehört zu den größten Raubtieren, die je auf der Erde gelebt haben. Es gibt viel **Wissenswertes** über diesen Dinosaurier zu erzählen. Stell dir vor, du könntest etwas **Unglaubliches** unternehmen und in die Kreidezeit reisen. Hoffentlich würdest du ihn dann nur von **Weitem** sehen. Heute glauben die Forscher zwar, dass der **T-Rex** nicht sehr schnell laufen konnte, aber willst du wirklich einem Tier begegnen, das gefährlicher als die meisten Tiere unserer Zeit ist? Im Kampf mit einem **T-Rex** würde ein Mensch den **Kürzeren** ziehen, deswegen wäre es klüger, nichts **Dummes** zu tun und wegzulaufen. Besser du unternimmst etwas weniger **Aufregendes** und schaust dir den Dinosaurier im Museum an.

109 Wörter · diktiert am: ....

Tageszeiten im Genitiv

Tageszeiten stehen häufig im Genitiv. In diesem Fall werden sie **großgeschrieben**.

13 Fledermauspost

Eines **Abends** erhielt der Zauberlehrer Baldo eine Mitteilung, die ihm von einer Fledermaus gebracht wurde. Die Fledermaus flog in sein Zimmer und gab ihm einen Zettel. Darauf stand nur ein einziger Satz: Eines **Tages** werde ich mich mit einem Warzenfluch rächen.

Baldo überlegte hektisch. Er war ein Morgenmuffel. Bevor er nicht den ersten Wachtrunk getrunken hatte, war er zu seinen Lehrerkollegen oft unhöflich. Hatte er vielleicht **eines Morgens** einen Kollegen schlimm beleidigt? Des **Nachts** lag Zauberer Baldo nun im Bett und konnte nicht schlafen. Hätte er geahnt, dass ihm bloß ein paar Schüler einen Streich spielten, den sie sich eines **Nachmittags** ausgedacht hatten, dann wäre er viel ruhiger gewesen.

110 Wörter · diktiert am: ....

Nomen basteln
Suche 3 einfache Nomen aus dem Diktat heraus. Versuche nun aus diesen neue **zusammengesetzte Nomen** zu basteln.
Beispiel: Fenster → Fensterrahmen, Fenstersims, Dachfenster, ...
Ihr könnt auch zu mehreren spielen, wer findet wohl die meisten Wörter in kürzester Zeit?

Tageszeiten als Adverbien

Und jetzt aufgepasst! Tageszeiten können auch als Adverbien verwendet werden. Dann werden sie **kleingeschrieben**. Man erkennt sie daran, dass ihnen ein **-s** angehängt wird (morgens, mittags, abends). Du darfst sie aber nicht mit den Tageszeiten im Genitiv verwechseln, die du auf der vorigen Seite kennengelernt hast.

14 Der perfekte Beweis

Wie immer betrat Bankdirektor Knesebeck **morgens** als erste Person die Bank. An diesem Morgen stimmte etwas nicht. Sofort fiel ihm der aufgebrochene Tresor auf. Innerhalb weniger Minuten erschien die alarmierte Polizei. Die Spurensicherung nahm Fingerabdrücke und fand auf dem Geldschrank einen perfekten Abdruck. Mit modernen Computern leiteten sie diesen **vormittags** zur Überprüfung weiter. Es dauerte nur bis **mittags**, dann wusste die Polizei, dass der Abdruck zu einem bekannten Panzerknacker mit dem Spitznamen „Waschbär" gehörte. Ein verdecktes Ermittlerteam beobachtete ihn **nachmittags**. Als er sich mit zwei Leuten traf, schlugen die Polizisten zu. Sie fanden im Auto des „Waschbären" das gestohlene Geld, das sie **abends** zurück in die Bank brachten. Da der Fall aufgeklärt war, konnte der Direktor **nachts** wieder beruhigt schlafen.

122 Wörter · diktiert am: ....

Tageszeiten nach Wörtern wie „gestern“, „heute“ und „morgen“

Und noch mehr zu den Tageszeiten! Sie werden **großgeschrieben**, wenn sie nach den Wörtern **vorgestern, gestern, heute, morgen** und **übermorgen** stehen (vorgestern Abend, heute Morgen, morgen Nacht).

15 An den Traum erinnert

„Vorgestern **Nacht** hatte ich einen seltsamen Traum“, erzählt der Stürmer Pablo im Fernsehstudio. „Ich schoss den entscheidenden Elfmeter in die linke Ecke und der Torwart hielt ihn. Als wir gestern **Nachmittag** ins Stadion gelaufen sind, habe ich mich daran erinnert. Nach der Verlängerung stand es unentschieden. Beim Elfmeterschießen war ich der letzte Schütze. Ich nahm Anlauf, schoss den Ball nach rechts und der Torwart flog nach links. An die Feier gestern **Abend** werde ich mich ein Leben lang erinnern. Mein Foto in den Zeitungen heute **Morgen** hat mir auch gut gefallen. Und jetzt sitze ich heute **Abend** hier und erzähle Millionen Fernsehzuschauern diese Geschichte. Manchmal sollte man auf seine Träume hören.“

111 Wörter · diktiert am: ....

Ländernamen

Alle Ländernamen sind Nomen und werden daher **großgeschrieben**. Die meisten Länder stehen ohne Artikel. Nur einige wenige stehen mit einem Artikel (der Sudan, die Türkei, die Dominikanische Republik).

16 Magische Wesen

In vielen Ländern dieser Erde glauben die Menschen an magische Wesen. In **Neuseeland** gibt es angeblich Feen, die in Bäumen leben und im Nebel erscheinen. In **Russland** kennt man einen alten Mann mit grauem Bart, der sich im Haushalt nachts nützlich macht. Aber nicht alle magischen Wesen führen Gutes im Schilde. In **England** und **Irland** erzählt man sich die Geschichten von Wesen, denen es Spaß macht, nachts Menschen zu erschrecken. In den Bergen der **Schweiz** sollen Zwerge leben, genauso wie in den nördlichen Ländern **Norwegen**, **Schweden** und **Finnland**. Und auch in **Deutschland** gibt es solche Wesen, oder hast du noch nie etwas von einem Kobold mit roten Haaren gehört?

109 Wörter · diktiert am: ....

Bist du ein Flaggenexperte?
Leider hat die Farbe nur noch für die Flaggen zweier Länder gereicht. Im Diktat werden aber noch sieben weitere Länder erwähnt. Vielleicht kannst Du ja schon auf Anhieb die fehlenden sieben Flaggen ausmalen. Ansonsten schau im Lexikon oder im Internet nach oder frage deine Eltern.

Geografische Ableitungen auf -er

Man kann von geografischen Eigennamen (Ulm, Bremen, Linz) Ableitungen auf **-er** bilden (Ulmer Münster, Bremer Stadtmusikanten, Linzer Torte). Ableitungen auf **-er** werden **großgeschrieben**.

17 Deutschlandreise

Am **Brandenburger Tor** erhielt der Spion Michael M. den entscheidenden Hinweis: Im **Hamburger Hafen** lag das Schiff mit dem gestohlenen Mikrochip. Vom **Berliner Flughafen** aus brachte ein Düsenjet den Spion nach Hamburg. Um Zeit zu sparen, sprang er über dem Hafen mit dem Fallschirm ab, doch das Boot war bereits verschwunden. Aber zumindest fand er einen Anhaltspunkt, wo die Geldübergabe stattfinden würde: im **Ulmer Münster**, einer großen Kirche in Süddeutschland. Als Mönch getarnt nahm der Spion einen Zug und musste im **Kölner Hauptbahnhof** umsteigen. Weil der Zug Verspätung hatte, verpasste der Spion seinen Anschluss. Die Geldübergabe fand ohne ihn statt. Sein Chef in der **Münchener Geheimdienstzentrale** war darüber nicht erfreut.

110 Wörter · diktiert am: ....

Geografische Ableitungen auf -isch
Man kann von geografischen Eigennamen (Schwaben) auch Ableitungen auf **-isch** bilden (er spricht schwäbisch). In diesem Fall schreibt man sie klein. Wenn die Ableitung allerdings Teil eines Eigennamens ist, schreibt man sie groß (das Schwäbische Meer).

18 Lufterscheinung

Der **schottische** Offizier **Ian Maxwell** befand sich gerade für die **britische** Luftwaffe auf einem Überwachungsflug. Plötzlich entdeckte er einen Kobold, der ihm vom Rumpf aus zuwinkte und sich auch nicht durch Überschläge abschütteln ließ. Auf einmal stotterte der Motor und das Flugzeug stürzte in Richtung der **irischen** Grenze. Während der Boden immer näher kam, dachte der Pilot an den **französischen Wein**, den er vor dem Abflug getrunken hatte. Kurz vor dem Aufprall sprang der Motor wieder an und er landete sicher auf dem nächsten **nordirischen** Flughafen. Vom Kobold fehlte jede Spur und keiner seiner **englischen** Vorgesetzten glaubte ihm die Geschichte. Vielleicht hätte er lieber keinen **französischen** Wein trinken sollen.

109 Wörter · diktiert am: ....

Rücken-Diktat
Suche ein Diktatwort aus. Dein Partner steht mit dem Rücken zu dir gedreht. Schreibe das Wort Buchstabe für Buchstabe mit dem Finger auf seinen Rücken. Wenn er einen Buchstaben erraten hat, kommt der nächste Buchstabe an die Reihe bis er das Wort erraten hat. Wechselt euch dann ab. Na, wer von euch kann die Buchstaben schneller fühlen?

2. Laute und Buchstaben

2.1 Vokale und Konsonanten

Wörter mit ä

Die meisten Wörter mit **ä** lassen sich von Wörtern mit **a** ableiten (die K**ä**lte – k**a**lt, z**ä**hlen – die Z**a**hl).

19 Die Verfolgung der Schatzräuber

„Die Brücke **hält** nicht“, ruft der Ritter **ängstlich**. Unter ihnen fließt ein **mächtiger** Fluss. Vier **Männer** befinden sich auf der wackligen Holzbrücke, fünfzig Meter über dem Wasser.

„Auch wenn es **gefährlich** ist, wir müssen weiter“, entgegnet der Anführer. „Sie haben unsere wertvollsten **Schätze** gestohlen!“

44 Wörter · diktiert am: ....

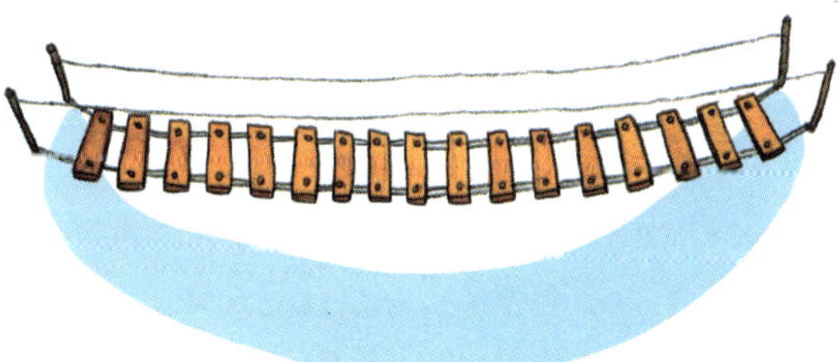

Wörter mit äu

Wörter mit **äu** kannst du meistens von Wörtern mit **au** ableiten (tr**äu**men – der Tr**au**m, B**äu**me – der B**au**m). Achtung! Es gibt einige Wörter die sich nicht von Wörtern mit **au** ableiten lassen und trotzdem mit **äu** geschrieben werden (zum Beispiel: räuspern, die Säule, das Wollknäuel). Diese musst du einfach auswendig lernen.

20 Zu früh gefreut

Die **Räuber** sitzen am Ufer des Flusses und **säubern** die goldenen Kelche. In ihren kühnsten **Träumen** haben sie nicht mit so viel Gold gerechnet. Plötzlich hören sie ein Knacken hinter den **Sträuchern**. Vier Ritter stürzen auf sie zu, die **Fäuste** fliegen, die Schwerter klirren und schnell sind die **Schatzräuber** überwältigt.

50 Wörter · diktiert am: ....

Wörter mit eu

Der Laut **eu** klingt gleich wie **äu**. Du schreibst Wörter immer dann mit **eu**, wenn es kein verwandtes Wort mit **au** gibt (Beutel, Euro).

21 Am Ende des Tages

„Unsere schöne **Beute**“, **seufzt** einer der Räuber. „Du hattest wohl gehofft, ab **heute** reich zu sein“, erwidert ein Ritter mit **Schadenfreude** in der Stimme. Der helle Mond **erleuchtet** den Weg zur Burg. Als die Räuber dort in den Kerker geworfen werden, **heulen** sie verzweifelt auf.

41 Wörter · diktiert am: ....

b oder p?

Am Anfang eines Wortes klingen **B/b** und **P/p** oft sehr ähnlich. Hier kannst du den Unterschied hören, wenn du das Wort ganz deutlich aussprichst. Am Ende eines Wortes hörst du den Unterschied zwischen **b** und **p** nur schlecht. Um herauszufinden, ob du das Wort mit **b** oder **p** schreibst, kannst du es verlängern oder ein verwandtes Wort suchen (lie**b** → lie**b**en, Stau**b** → stau**b**ig).

22 Der Unfall

Ausgerechnet als der **Polizist** zum Tatort gerufen wurde, **gab** es einen Unfall. Nichts **bewegte** sich auf der Straße. Der **Beamte** ärgerte sich über sein **Pech**. Er **hupte** wie verrückt und schaltete das **Blaulicht** ein. Zum Schluss fuhr er über den **Bürgersteig**, um schneller vorwärtszukommen. Was **blieb** ihm anderes **übrig**?

49 Wörter · diktiert am: ....

d oder t?

Auch den Unterschied zwischen **d** und **t** am Wortende hört man nur schwer. Wenn du das Wort verlängerst oder ein verwandtes Wort suchst, kannst du hören, ob du **d** oder **t** schreiben musst (Hal**t** → anhal**t**en, Lan**d** → Län**d**er). Verben in der 3. Person Einzahl enden immer auf **-t** (brüllen – er brüllt).

23 Im Schutz der Nacht

In der **Nacht weht** der **Wind** dicke Wolken über den Himmel. Immer wieder **wird** der **Mond verdeckt**. Nach dem **Gold suchend hat** sich der **Feind** des Piratenkönigs **unerkannt** bis zum Versteck geschlichen. Doch plötzlich **schlägt** ein **Hund** Alarm.

38 Wörter · diktiert am: ....

g oder k?

Ob am Wortende **g** oder **k** stehen muss findest du heraus, indem du das Wort verlängerst oder ein verwandtes Wort suchst (We**g** → We**g**e).

24 Nach dem Museum

Das kleine Gespenst Uli sitzt unsichtbar im **Park** des Museums. Die Ausstellung über magische Welten war toll. Ein Mädchen kommt den **Weg** entlang. Es wirft seine Eintrittskarte achtlos zu Boden. So ein Dreckfink! Uli fliegt zu ihr und pustet ihr zur Strafe einen eisigen **Atemzug** ins Ohr. Was für ein **Spuk**!

51 Wörter · diktiert am: ....

Wörter mit ö oder ü

Die fünf Vokale **a, e, i, o, u** kennst du schon. Im Deutschen gibt es außerdem die sogenannten **Umlaute (ä, ö, ü)**. Das **ä** hast du bereits kennengelernt. Nun kannst du die Laute **ö** und **ü** üben.

25 Seltsames Geräusch

Der **böse** Priester des **Pharao** hat einen **üblen** Plan ausgeheckt. Er will den **Pharao** **töten**, um dessen **schöne** Frau zu heiraten. Mitten in der Nacht **hört** der **Pharao** ein **ungewöhnliches** Geräusch, von dem er geweckt wird. Aus den Augenwinkeln sieht er, dass seine Wachen **überall** im Raum bewusstlos am Boden liegen. Dann bemerkt der **Pharao**, wie eine Gestalt mit einem Messer in der Hand an sein Bett tritt. **Glücklicherweise** schläft er mit einem Dolch unter seinem Kissen und kann den Priester schnell **überwältigen**.

83 Wörter · diktiert am: ....

ai oder ei

Die Doppellaute **ei** und **ai** klingen gleich. Doch zum Glück gibt es nur wenige deutsche Wörter mit **ai** (zum Beispiel: Hai, Kaiser, Mai, Mais, Waise). Lerne sie auswendig und schreibe alle anderen Wörter mit **ei**!

26 Im alten Japan

Die **Samurai** waren im alten Japan Soldaten im Dienste der **kaiserlichen** Armee. Sie waren **meisterliche** Kämpfer, was vor allem an ihrer Ausbildung lag. Diese begann oft **bereits** im Alter von **drei** Jahren. Doch die Kinder lernten nicht nur Kämpfen, sondern auch Lesen und **Schreiben**. Die **Ausbildungszeit** endete **meist** mit fünfzehn Jahren. Dann erhielten die **Samurai** in **einer feierlichen** Zeremonie ihre Waffen und ihre **eigene** Rüstung. Von diesem Tag an dienten sie dem **Kaiser** oder einer **Adelsfamilie**.

76 Wörter · diktiert am: ....

f oder v?
Wörter, die den scharfen f-Laut am Anfang haben, schreibst du fast immer mit **f** (fast, fertig, Fliege, Futter). Die Vorsilbe **ver-** schreibt man immer mit **v**. Ansonsten schreibst du nur wenige Wörter mit **v** (Vater, vier, vielleicht, von, vor). Merke sie dir gut!

27 Gedankenkraft

Fasziniert starrt Tim auf den Roboter. Wie **viele Fähigkeiten** er inzwischen besitzt! Schade, dass er nicht wie ein **Vogel fliegen** kann, denkt Tim. Plötzlich wackelt der Tisch und der Roboter schießt in die Luft, **fast** bis zur Decke. Schwankend nähert er sich dem geöffneten **Fenster**. Du musst landen, **fleht** Tim **verzweifelt**. Sofort landet der Roboter **flink** auf seinen silbernen **Füßen**. Tims **Freude** ist riesig. Obwohl er das **für völlig** ausgeschlossen gehalten hätte, kann er den Roboter mit der Kraft seiner Gedanken steuern.

82 Wörter · diktiert am: ....

Diktieren mit 0-Fehler-Garantie
Suche ein Diktatwort heraus. Diktiere es deinem Partner – dabei hilfst du ihm, so gut du kannst. Du diktierst nämlich so, dass dein Partner möglichst keine Fehler macht. Sage ihm all das, was er wissen muss, damit er das Wort richtig schreiben kann. Wenn die Wörter richtig aufgeschrieben wurden, könnt ihr stolz sein, denn dann wart ihr wirklich ein super Team!
Beispiel: Dein Partner soll das Wort „viel“ schreiben.
So kannst du ihm helfen: „Du schreibst das Wort klein“, „Denk daran, dass man es mit v schreibt“, „Es hat ein langes i – denk an die richtige Schreibweise“, ...

Wörter mit qu

Der seltene Buchstabe **q** ist ein dicker Freund vom **u**. Immer, wenn du den Laut **kw** hörst, musst du **qu** schreiben (Qualm, quasseln, quengeln, quieken).

28 Gefangen auf Planet XR 37

„Wir müssen diesen **Quälgeist ausquetschen**“, fordert der außerirdische General. Böse starrt er Pilot Jeremias an. Das schleimige Monster kommt ihm so nah, dass Jeremias wegen des unerträglichen Gestanks **gequält** die Nase rümpft und schnell sein Gesicht abwendet. Sein Blick fällt auf die **qualmenden** Überreste seines Raumschiffs, mit dem er eine Bruchlandung hingelegt hat. Da bemerkt er eine **Lichtquelle** am Horizont des grünen Planeten. Der Rettungstrupp ist unterwegs und wird ihn aus den Klauen der Außerirdischen befreien.

76 Wörter · diktiert am: ....

Wörter mit x

Das **x** taucht nur in wenigen Wörtern auf. Diese musst du dir gut merken (zum Beispiel: extra, fix, boxen, Taxi). Später lernst du noch andere Schreibweisen für den x-Laut kennen (→ S. 48).

29 Im Kellergewölbe

Erkum, der **Hexenmeister** wirft eine letzte Zutat in die **Mixtur**. Im Kessel brodelt es gewaltig. Sein **Experiment** steht kurz vor dem krönenden Abschluss. Aus der gläsernen **Box** nimmt er einen Käfer und lässt ihn in die Flüssigkeit fallen. Plötzlich **explodiert** der Kessel und das Tier wächst in kürzester Zeit auf seine hundertfache Größe. Seine Scheren sehen aus wie **Äxte**, die es bedrohlich wie ein **Boxer** schwingt. Entsetzt starrt der **Hexenmeister** auf dieses Ungeheuer. Er muss schnell **ausbüxen**, damit ihm nichts passiert.

81 Wörter · diktiert am: ....

Verben-Bauwettbewerb

Kannst du neue Verben bauen? Mit den richtigen Wort-Bausteinen geht das ganz prima. Nimm ein Blatt und schneide es in 14 gleich große Kärtchen. Übertrage auf jedes deiner Kärtchen einen dieser Wortbausteine:

ein	ent	vor	ab	be	um	durch
er	aus	ver	an	ge	weg	auf

Suche dir nun 8 Verben aus dem Buch aus. Baue dann aus diesen Verben mit Hilfe deiner Wortbausteine ganz neue Verben.
Achtung: Nicht zu jedem Verb passen die gleichen Wortbausteine. Probier es aus: Welches Wort kennst du und welches klingt nach Unsinn?

Beispiel: „kommen“: entkommen, auskommen, bekommen, ...
aber: „erkommen“ gibt es nicht!

Wörter mit ch oder sch

Auch **ch** und **sch** gehören zu den Lauten, die recht ähnlich klingen können. Damit du Wörter mit **ch** und **sch** nicht verwechselst, lies sie laut und deutlich vor. Schon hörst du den Unterschied genau (Kirche – Kirsche, länglich – englisch).

30 Das magische Buch

Hinter dem **dichten Gebüsch** habe **ich** zwei **Bücher** gefunden. Das Erste hatte einen rosafarbenen **Umschlag** und wurde von mir **nicht beachtet**. Das Zweite war **schwarz** und **ich schlug** es neugierig auf. Ein **Drache schoss** einen Feuerstrahl in meine **Richtung**. Zu meinem **Schutz** blätterte **ich schnell** um. **Doch** auf der **nächsten** Seite wurde es noch **schlimmer**. Eine **Schlange zischte mich** an. Sie **versuchte**, **mich** mit ihren Giftzähnen zu verletzen. Ich **lächelte** zufrieden. **Bücher** können so **unglaublich** aufregend sein!

77 Wörter · diktiert am: ....

sch, sp oder st?
Der **sch-Laut** wird normalerweise als **sch** geschrieben (Schal, Schule, schwer). Aber Achtung: vor **p** und **t** sieht es anders aus! Du schreibst **sp** (Speck, spielen) und **st** (Stall, steinig).

31 Nach Sonnenuntergang

Nach einem **schlimmen** Tag **wünschte** sich **Stefan** nichts mehr, als einen **Spaziergang** in der **Abendstille**. Alles war heute **schiefgelaufen**. Angefangen beim **Sportunterricht**, in dem er den Test nicht **bestanden** hatte. Und dann die **Aussprache** der Klasse, weil es letzte Woche **Streit** gegeben hatte. Warum hatten sie ihm dafür die **Schuld** gegeben? Plötzlich wurde ihm der unerträgliche **Gestank** bewusst. **Stefan** blickte sich um. In seiner Nähe entdeckte er einen **Baumstumpf**, der ihm noch nie zuvor aufgefallen war. Langsam näherte er sich ihm. Da **schoss** ein Vampir aus dem **Stumpf** in die Höhe und **zischte** ihn an. **Stefan** griff **rasch** nach seiner Halskette mit dem Kreuzanhänger. Sofort zerfiel der Vampir zu **Staub**.

110 Wörter · diktiert am: ....

Wörterstraße
Male eine Straße auf ein Blatt Papier. Schreibe nun alle Wörter mit **St** oder **st** auf deine Wörterstraße. Du kannst deine Wörterstraße auch einfach in deinem Zimmer aufhängen. Dann siehst du die Wörter immer wieder und prägst sie dir leichter ein. Immer wenn du ein neues Wort mit **st** lernst, kannst du es auf deine Wörterstraße schreiben.

Wörter mit ks-Laut

Für den **ks**-Laut gibt es viele Schreibweisen: Man kann **chs** (Dachs), **cks** (Klecks), **gs** (allerdings), **ks** (Keks) oder **x** (Mixer) schreiben. Und wann schreibst du was? Manchmal kannst du dir helfen, indem du versuchst das Wort abzuleiten (Kna**cks** – kna**ck**en, neuerdin**gs** – Din**g**).

32 Boxenstopp

Das 24-Stunden-Rennen war zur Hälfte vorbei und **Alexander** hatte sich einen großen Vorsprung herausgefahren. Vielleicht zahlte es sich aus, dass er vor dem Start des Rennens seinen **Glücksbringer** auf den rechten Handschuh gemalt hatte: eine grüne **Eidechse**. **Links** vor ihm tauchte die **Box** auf. Er würde dort halten und den Wagen auftanken lassen. Auf einmal erschütterte ein Schlag den Wagen, der sofort langsamer wurde. **Alexander** fuhr zu seinem Team und machte sie darauf **aufmerksam**. Die Mechaniker entdeckten eine angebrochene **Achse**, die repariert werden musste. Was war er bloß für ein **Unglücksrabe**! Während der Reparatur überholten ihn **sechs** Fahrzeuge. Mit **ausdruckslosem** Gesicht sah er sie vorbeiziehen.

105 Wörter · diktiert am: ....

bs oder ps?

In einigen Wörtern kommen die Buchstaben **bs** oder **ps** vor. Leider kannst du den Unterschied nicht hören (Erbse, Mops). In manchen Fällen kannst du die Wörter ableiten (du klebst – kleben, du hupst – hupen). Das klappt aber nicht immer. Also heißt es: Lies und schreibe die Wörter immer wieder, bis du sie im Schlaf richtig schreiben kannst!

33 Ferienabenteuer

Endlich **Herbstferien**, dachte Jonas. Die perfekte Zeit, um Abenteuer zu erleben. Auf dem Frühstückstisch fand er einen Zettel von Mama. „**Liebster** Sohn, kannst Du bitte zum **Obsthändler** gehen und zwei Kilo Äpfel kaufen?“

Jonas **plumpste** auf den Stuhl. Wie sollte er dort Abenteuer erleben?

Eine Stunde später betrat er das Geschäft. „Jemand hat mich bestohlen!“, rief der **Obsthändler.** Vor Aufregung **piepste** seine Stimme. Jonas blickte sich um. Er entdeckte eine alte Frau, die gerade ihr frisches **Obst** in die Tasche packte, und einen Mann mit **eingegipstem** Arm. Jonas sah etwas Grünes aus dem **Gips** ragen. War das ein Geldschein? „Überprüfen Sie den Mann mit dem **Gips**“, sagte er **selbstbewusst**.

109 Wörter · diktiert am: ....

Der Buchstabe ß
Der Buchstaben **ß (scharfes s)** steht nach einem langen Vokal oder Doppellaut am Wortende (Fuß, süß, heiß, Schweiß) oder in der Wortmitte (fließen, gießen, draußen). Das **ß** steht niemals am Anfang eines Wortes!

34 Freistoß

Der Torwart machte einen weiten **Abstoß**. Der **Fußball** flog **dreißig** Meter weit und wurde **anschließend** vom Mittelfeldspieler auf die **Außenseite** gepasst. Dort wartete der weltbeste Spieler, nahm den Ball an und rannte Richtung Strafraum. Ein Gegner stellte sich ihm in den Weg, durch eine Körpertäuschung vermied er jedoch den **Zusammenstoß**. **Bloß** dem **Fuß** des Gegners, der ihn niederriss, konnte er nicht mehr ausweichen. Der Schiedsrichter entschied auf **Freistoß** und gab eine gelbe Karte. Der weltbeste Spieler wollte den Ball direkt aufs Tor **schießen**. Er nahm Anlauf, schoss und der **Fußball** zappelte im Netz. Die Heimmannschaft ging **verdientermaßen** in Führung. Was für ein **Spaß** für die Zuschauer!

105 Wörter · diktiert am: ....

Diktatwörter-ABC
Schreibe das ganze ABC auf ein Blatt und zwar von oben nach unten. Streiche dann zehn seltene Buchstaben durch. Finde nun zu den anderen Buchstaben immer ein Wort mit dem passenden Anfangsbuchstaben und schreibe es auf dein Blatt. Wenn dir nicht zu allen Buchstaben ein Wort einfällt, suche in diesem Buch nach passenden Wörtern. Und schon hast du ein Diktatwörter-ABC.

ss oder ß?

Der **scharfe** s-Laut kann entweder als **ss** oder **ß** geschrieben werden. Auf der vorigen Seite hast du gelernt, dass du nach langen Vokalen und Doppellauten **ß** schreibst. Dagegen schreibst du nach einem kurzen Vokal immer **ss** (Fluss, Kuss, er muss).

35 Im Badezimmer

Beim Zähneputzen hörte ich ein **grässliches** Geräusch. Schnell lief ich zu meiner großen Schwester, die faul im **Sessel** vor dem Fernseher **saß**.

„Ich glaube, im Badezimmer ist ein Monster“, wisperte ich entsetzt. Bestimmt war ich ganz **blass** geworden.

Meine Schwester schaute mich gelangweilt an. „Was für ein **Spaß**!“ Dann blickte sie wieder in die Glotze.

Entschlossen ging ich zurück ins Bad und hob den Toilettendeckel hoch. Unten im **Wasser** schwamm ein Babykrokodil, das eigentlich ganz **süß** aussah. Es schnappte mit seinem Maul, als meine Schwester an die Tür klopfte. „Ich **muss** aufs Klo“, rief sie. Ich überlegte, ob ich sie ohne Warnung **hineinlassen** sollte, aber da war sie auch schon drin. Meine Schwester wollte unseren Gast schon den **Abfluss** hinabspülen, aber ich konnte sie davon überzeugen, dass es sicherlich einen **besseren** Weg nach **draußen** gab.

109 Wörter · diktiert am: ....

das oder dass?

Du bist dir nicht sicher, ob es **das** oder **dass** heißt? Ganz einfach! Immer wenn du das Wörtchen **das** durch **dieses, jenes** oder **welches** ersetzen kannst, schreibst du es mit **s** (Das Mädchen, das neu in der Klasse ist / Das Mädchen, welches neu in der Klasse ist). Schreibt man es mit **s**, ist es ein Artikel (das Mädchen) oder ein Pronomen (..., das neu in der Klasse ist). Dagegen schreibst du **dass** immer mit **ss**, wenn du es nicht durch **dieses**, **jenes** oder **welches** ersetzen kannst (Ich denke, **dass** ich heute mitkommen werde). Hier ist **dass** ein Bindewort.

36 Überlebenskampf

Das Dinosaurierweibchen musste **das** Ei beschützen. So lange hatte es darauf gewartet, **dass** ihr Baby schlüpfte und ausgerechnet jetzt war **das** Stampfen der großen Fleischfresser zu hören. **Das** war ein schlechter Zeitpunkt! Immer lauter wurde **das** Gebrüll der Raubtiere. Instinktiv wusste **das** Weibchen, **dass** sie in großer Gefahr schwebten. Zur Verteidigung bildeten die stärksten Herdentiere einen Kreis um die schwächeren Tiere. Sie wollten nicht kampflos zulassen, **dass** ihr Nachwuchs getötet würde. Die Fleischfresser griffen an. **Dass** sich die Pflanzenfresser mit ihren Keulenschwänzen wehrten, beeindruckte sie allerdings. **Das** gefiel ihnen gar nicht und nach einer Weile verschwanden sie wieder. Der Zusammenhalt der Herde hatte **das** Ei gerettet.

106 Wörter · diktiert am: ....

2.2 Dehnung

Doppelvokale (aa, ee, oo)

Um lang gesprochene Laute zu kennzeichnen, werden manchmal die Vokale **a, e und o** beim Schreiben verdoppelt. Aber Vorsicht, es gibt auch andere Schreibweisen für lange Laute (→ S. 55–57)!

37 Geisternebel

Dichter Nebel lag über dem **See** und stieg auch aus dem **Moor** auf. Die Leute saßen **paarweise** in den **Booten** und sahen fast nichts mehr. Sie trösteten sich mit dem Gedanken an heißen **Tee** und leckeren **Erdbeerkuchen**. Plötzlich schrie eine **rothaarige** Frau auf. Hatte sie ein Gespenst gesehen?

47 Wörter · diktiert am: ....

Wörter mit ie

Der lange i-Laut wird meistens als **ie** geschrieben (hier, vier, Stier). Später lernst du weitere Schreibweisen für das lange **i** lernen (→ S. 57).

38 Verräterische Spur

Der Polizist betrachtete **die Stiefel** der **vier** Verdächtigen. Der Täter hatte in der Nähe des Tatorts eine **riesige** Fußspur hinterlassen. Bei einem Mann, der breit **wie** ein **Stier** war, **hielt** er inne. Der Abdruck passte perfekt. Schnell **ließ** der Polizist **die** Handschellen zuschnappen. Er hatte den **Dieb**.

47 Wörter · diktiert am: ....

Wörter mit Dehnungs-h

Ein langer Vokal wird oft durch ein **h** nach dem Vokal gekennzeichnet. Lange Laute schreibst du dann so: **ah**, **äh**, **eh**, **ih**, **oh**, **öh**, **uh** und **üh**. Das **h** hörst du dabei meistens nicht.

39 Das Seifenkistenrennen

„Ich bin bestimmt viel zu **lahm**“, befürchtete Moritz. „Mein **Sohn**, gleich auf der **Bahn** wirst du dir beim **Fahren** wünschen, langsamer zu sein“, meinte sein Vater. Moritz **sah** auf die **Uhr**. In wenigen Sekunden war er ganz auf sich allein gestellt. Der Schiedsrichter **zählte** von Zehn herunter und schwenkte bei Null die Flagge. Sein Vater schob **ihn** kräftig an. Sofort ging Moritz in **Führung**, die er bis zum Schluss verteidigte. Der **Ruhm** gehörte **ihm**.

74 Wörter · diktiert am: ....

Bist du selbst schon einmal mit einer Seifenkiste gefahren? Oder hast du schon einmal eine gebaut? Das macht jede Menge Spaß! Eine Anleitung zum Bauen einer Seifenkiste findest du, wenn du im Internet den Begriff „Seifenkiste“ in eine Suchmaschine eingibst. Schreibe dir doch einmal in Stichworten ab, was du dafür alles brauchst. Du kannst auch schon einmal einen Plan zeichnen, wie deine Seifenkiste später aussehen soll.
Nun kannst du dich mit deinem Vater, deinen Geschwistern oder Freunden an den Bau deiner ganz persönlichen Seifenkiste machen.

Wörter mit langem i

Es kommt nur selten vor, dass das **i** alleine steht, aber trotzdem **lang** gesprochen wird. Meistens ist das der Fall bei Pronomen (wir, mir, dir) und in manchen Wörtern aus fremden Sprachen (Apfelsine, Margarine, Maschine).

40 Aufregender Nachmittag

„**Wir** können die **Maschinen** nicht aufhalten“, schrie der General verzweifelt. Eine **Lokomotive** kam auf sie zugerast und verwandelte sich in einen bedrohlichen Roboter. Der General stöhnte verzweifelt. „Wie sollen wir diese **widerlichen Maschinen** stoppen? **Gibt** es denn keine Schwachstellen?“ Die Männer um ihn herum schüttelten entmutigt die Köpfe. Eine Flugzeugstaffel näherte sich dem Geschehen. Die Flugzeuge waren mit **explosiven** Waffen ausgestattet und schlugen die Roboter in die Flucht.

Justus presste sich tief in den **Kinosessel**. Dramatische **Musik** begleitete das Geschehen auf der Leinwand. Gut, dass ich nicht die Hauptfigur bin, dachte er. Während ein Teil der **Familie** einen Einkaufsbummel machte, hatte er sich mit seinem großen Bruder für den **Kinobesuch** entschieden. Was für eine tolle **Idee**!

116 Wörter · diktiert am: ....

2.3 Schärfung

Doppelkonsonanten

Doppelkonsonanten stehen grundsätzlich nur nach kurzen Vokalen.

41 Erster Spieltag

Am heißesten Tag des **Sommers begann** die Saison. Die **Sonne brannte** vom **Himmel** und die Zuschauer **starrten** auf das Spielfeld, als der Schiedsrichter **anpfiff**. Welche **Mannschaft** würde an die Spitze der **Tabelle** stürmen? **Konnte** der Favorit dieses Jahr **gestoppt** werden?

40 Wörter · diktiert am: ....

Wörter mit ck

Folgt auf einen kurzen Vokal ein k-Laut, wird das **k** nicht einfach verdoppelt, sondern zu **ck** erweitert (backen, die Schnecke).

42 Die geteilte Schatzkarte

Nachdem er aus dem Wasser gestiegen war, **drückte** der Pirat seinen **Glücksbringer** an sich. Er hatte das richtige **Stück** der Schatzkarte erwischt. Auf dem Papier war ein **dicker Fleck** gewesen, der ihm einen Hinweis gegeben hatte. Zunächst mussten seine Sachen **trocknen**, dann würde er nach dem **Versteck** suchen.

49 Wörter · diktiert am: ....

Wörter mit tz

Nach einem kurzen Vokal schreibt man nicht **zz** sondern **tz** (Katze, Tatze, Glatze).

43 Drachen gegen Zwerge

Wie **Blitze** kamen die Drachen vom Himmel geschossen. Es waren **Dutzende**! Die Zwerge des Zauberwaldes schrumpften vor Angst. Doch es half alles nichts. Um ihren **Schatz** zu verteidigen, mussten sie sich dem Kampf stellen. Niemals durfte ein Drache das Gold der Zwerge **besitzen**. Zum Glück hatten sich die Zauberer bereit erklärt, sie zu **unterstützen**. Bald waren sie da.
„Zieht eure Köpfe **schützend** ein, wenn sie ihr Feuer speien. Und werft die **Netze**, sobald sie nah genug sind. Passt darauf auf, nicht **verletzt** zu werden!"

82 Wörter · diktiert am: ....

Konsonantenhäufung

Nicht nur zwei gleiche, sondern auch **zwei verschiedene Konsonanten** können auf einen **kurzen Vokal** folgen (Kiste, Saft, Tante). Sogar **drei und mehr** Konsonanten sind möglich (sie tanzt, er schrumpft).

44 Langhals

Zu den größten und **längsten Landtieren**, die je auf der **Erde** gelebt haben, zählen die **Sauropoden**, die mit sehr **langen Hälsen**, **langen Schwänzen** und massigen **Körpern** ausgestattet waren. Ihre **Köpfe** hingegen waren im **Vergleich** zu dem **restlichen Körperbau** sehr klein. Bei den **Sauropoden** **handelte** es sich ausschließlich um Pflanzenfresser, die mit ihren **Vorderbeinen Äste** und Zweige **herunterziehen** konnten. Die größten dieser Saurier hatten ein **Gewicht** von ungefähr einem **Dutzend Elefanten**, eine **Länge** von **dreiundzwanzig** Metern und eine Höhe von **zwölf** Metern. Einige **Sauropoden** hatten keulenartig **verdickte Schwänze**, mit denen sie **sich** vor den Fleischfressern verteidigen konnten.

96 Wörter · diktiert am: ....

Wörterversteck

Ihr braucht zwei Zimmer. Jeder von euch schreibt 10 Diktatwörter auf einzelne Kärtchen und versteckt sie in „seinem" Zimmer. Jetzt tauscht ihr die Zimmer und begebt euch auf die Suche nach den Kärtchen. Hast du eins gefunden, gehe zurück zu deinem Heft und schreibe das Wort auf. Wer zuerst alle Kärtchen gefunden hat und es zusätzlich schafft alle Wörter richtig zu schreiben, ist eine echte Spürnase!

Zusammentreffen von drei gleichen Konsonanten
Du hast schon gelernt, dass auf kurze Vokale häufig zwei gleiche Konsonanten folgen. In zusammengesetzten Wörtern treffen dann manchmal sogar drei gleiche Konsonanten zusammen (Schiff + Fahrt → Schifffahrt).

45 Monstertrucks

„Was ist denn das für ein seltsames Fahrzeug?", fragte der Favorit, während er sich mit einer Portion Pommes aus der **Imbissstube** stärkte.
„Das ist ein **Schnelllastwagen**", antwortete der Herausforderer. „Stark wie ein Lastwagen, schnell wie ein Rennauto."
Der Favorit grinste. „Sieht mir eher wie ein **Schrotttransporter** aus." Er lachte laut über seinen eigenen Witz, stieg in seinen **Truck** und startete den Motor. Eine **Auspuffflamme** schoss hervor.
Der Herausforderer sah ihm wütend hinterher und strich dabei mit seiner Hand über die mit **Kunststofffolie** aufgeklebte Startnummer. Die Zwei hatte ihm schon immer Glück gebracht. Sie war seine **Gewinnnummer** und daran würde sich auch diesmal nichts ändern.

104 Wörter · diktiert am: ....

3. Wortbildung

3.1 Vorsilben

Wörter mit der Vorsilbe ent-

Die Vorsilbe **ent-** taucht am Anfang von Nomen, Adjektiven und Verben auf (Entscheidung, entschlossen, Entschuldigung). Verwechsele die Wörter nicht mit solchen, die mit der Vorsilbe **end-** gebildet werden. Diese Wörter leiten sich von der Wortfamilie **Ende** ab (endlich, Endpunkt, Endspiel).

46 Schiffsenterung

Bewaffnet mit den Enterhaken stehen die Piraten auf ihrem Schiff. Sie haben das Schiff erst vor Kurzem **entdeckt**, aber jetzt ist es **endlich** nicht mehr weit **entfernt**. **Entschlossen** werden sie es überfallen. Bereits aus dieser **Entfernung** sehen die Piraten, wie **entmutigt** der Gegner wirkt.

44 Wörter · diktiert am: ....

Wort des Tages

Manche Wörter kann man sich einfach nicht merken! Mache so ein Wort einfach zum „Wort des Tages“. Schreibe es auf einen Klebezettel und klebe es an den Badezimmerspiegel. Während du dir die Zähne putzt, schaust du dir das Wort ganz genau an und merkst es dir. Das machst du einmal abends und einmal morgens. Bevor du dich nun an den Frühstückstisch setzt, schreibst du das Wort in der Küche oder im Esszimmer auf einen Zettel. Sieht es genauso aus auf dem Klebezettel? Vielleicht kann dir jemand sagen, ob du es richtig aufgeschrieben hast. Dann musst du nicht noch mal ins Bad zurück und kannst direkt mit dem Frühstück beginnen ...

Wörter mit der Vorsilbe ge-

Viele Wörter haben die Vorsilbe **ge**-. Sie kann die Bedeutung eines Wortes verändern (Busch – Gebüsch, singen – Gesang). Auch das Perfekt von Verben wird mit der Vorsilbe **ge-** gebildet (gesungen, gelacht).

47 Der König der Tiere

Der Löwenkönig hatte die **Gefahr gewittert** und mit mächtigem **Gebrüll** sein Rudel **gewarnt**. Die Jäger lauschten **gebannt**. Vor ihnen lag ein **Gebiet** mit dichtem **Gebüsch**. Schon einmal hatten sie sich dorthin **gewagt** und viele von ihnen waren angegriffen worden.

39 Wörter · diktiert am: ....

Wörter mit der Vorsilbe un-

Durch die Vorsilbe **un-** können Wörter plötzlich das Gegenteil aussagen (bekannt – unbekannt, möglich – unmöglich).

48 Die **Pyramiden**

Bevor die ersten **Pyramiden** gebaut wurden, mussten viele Arbeiter für das Vorhaben gewonnen werden. Bis dahin war es **undenkbar** gewesen, solch **unglaubliche** Bauwerke zu errichten. Während der Bauzeit gab es auch **Unfälle**, besonders dann, wenn die Arbeiter **unaufmerksam** gewesen waren. Doch manchmal hatten sie Glück im **Unglück** und blieben **unverletzt**. Heute ist es **unklar**, wie die **Pyramiden** erbaut wurden. Es gibt Forscher, die es für **unmöglich** halten, dass die Ägypter diese Wunder allein errichtet haben. Ihrer Meinung nach haben Außerirdische beim Bau mitgeholfen.

83 Wörter · diktiert am: ....

Wörter mit den Vorsilben er-, ver-, vor- und zer-

Die Vorsilben **er-**, **ver-**, **vor-** und **zer-** verändern die Bedeutungen von Wörtern (fahren – erfahren – verfahren – vorfahren). Merke dir besonders das **v** am Anfang der Vorsilben **ver- und vor-**. Auch mit der Vorsilbe Vorsilbe **zer-** werden viele neue Wörter gebildet (fallen – zerfallen, kauen – zerkauen).

49 Gefährliches Experiment

„Heute möchte ich Ihnen **vorführen**, was ich **erfunden** habe", sagt der **zerstreute** Professor Otto Schnäckelbeck. Seine Stimme überschlägt sich voller **Vorfreude**. „Sie werden über das **Ergebnis** verblüfft sein", **verspricht** er und schaltet eine Maschine an. Ein riesiger Roboter taucht in dem **Vorführraum** auf. Er hat vier lange Arme, mit denen er plötzlich wild um sich schlägt. Der Wissenschaftler schaut ihn **verwirrt** an und kann sich dieses **Verhalten** nicht **erklären**. Will der Roboter den Raum **zerstören**? **Verzweifelt** versucht der Professor, die Maschine auszuschalten, doch der Roboter kommt ihm zuvor und **zerbeult** den **Apparat**. Im letzten Moment **verhindert** ein Zuschauer eine Katastrophe und zieht den Stecker. Nun sackt der Roboter in sich zusammen.

109 Wörter · diktiert am: ....

3.2 Nachsilben

Wörter mit den Nachsilben -chen und -lein
Die Nachsilben **-chen** und **-lein** werden an Nomen angehängt. Sie bezeichnen kleine Dinge (Wurst – Würstchen, Mann – Männlein).

50 Warten auf die Befreiung

Während das **Burgfräulein** in dem Burgturm auf ihre Rettung wartete, brach sie lustlos ein **Stückchen** von einem **Brötchen** ab. Sie fühlte sich wie ein **Häuflein** Elend, bis sie durch das vergitterte **Fensterchen** sah. Dort stand ein Ritter in schimmernder Rüstung und einem kleinen **Hündchen**. Nun schöpfte sie wieder Hoffnung.

49 Wörter · diktiert am: ....

Ein Schritt, ein Buchstabe
Einige Wörter findest du immer wieder schwierig? Laufe doch so ein Wort einfach mal ab. Schreibe dir das Wort auf ein Kärtchen und schau es dir gut an. Stecke dann das Kärtchen wieder weg. Buchstabiere nun das Wort laut vor dich hin. Bei jedem Buchstaben machst du einen Schritt. Kommst du nicht mehr weiter? Dann hole das Kärtchen wieder heraus und beginne von vorne. Du wirst sehen, bald läufst du deine Wörter ganz zügig ab!

Wörter mit der Nachsilbe -ling

Alle Wörter mit der Nachsilbe **-ling** sind Nomen. Du schreibst sie groß.

51 Siebenmeter

„Was für ein **Fiesling**!“ Der Gegner hatte Tom mit der Hand im Gesicht getroffen. Sofort entschied der Schiedsrichter auf Siebenmeter gegen den **Feigling**. Tom nahm den Ball und konzentrierte sich auf den Torwart. Er stellte ihn sich als **Winzling** vor und versenkte den Ball sicher im Tor.

48 Wörter · diktiert am: ....

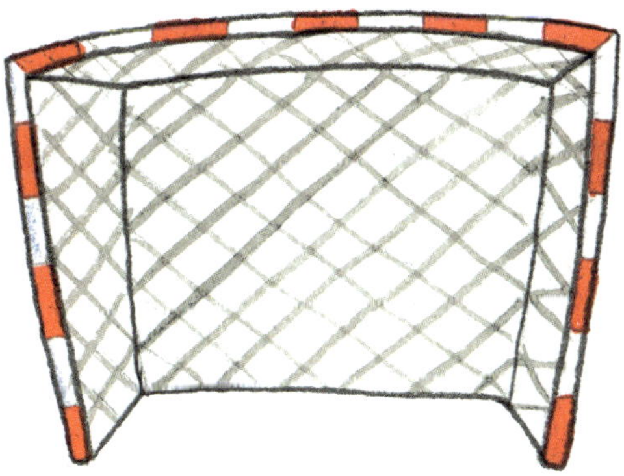

Wörter mit den Nachsilben -heit, -keit, -nis und -ung

Wörter mit diesen Nachsilben sind Nomen, die großgeschrieben werden. Ein Tipp: Bildest du von Wörtern auf **-nis** die Mehrzahl, musst du **ss** schreiben (Zeugnis – Zeugnisse).

52 Finstere Nacht

In der **Abgeschiedenheit** seines Schlosses blickte der Vampir zum Himmel. Die **Mondfinsternis** sorgte für perfekte **Dunkelheit**. Diese Nacht bot ihm die **Möglichkeit**, seine **Planung** ohne Sorgen vor einer **Verletzung** zu Ende zu bringen. Bis in alle **Ewigkeit** würde er in der Gegend sein Unwesen treiben. Doch plötzlich tauchten Dorfbewohner auf, die **Kenntnis** von seinen Plänen erlangt hatten. Der Vampir wehrte sich und kämpfte um seine **Freiheit**, aber schließlich überwältigten ihn die Bauern und warfen ihn in ein **Gefängnis**, auf das bald die Sonne scheinen würde.

85 Wörter · diktiert am: ....

Nomen zaubern

Du und dein Partner denkt euch jeweils 10 Adjektive aus. Schreibt sie auf ein Blatt Papier und tauscht dann eure Blätter aus. Versucht nun aus jedem Adjektiv ein Nomen zu bilden. Manchmal helfen euch dabei die Endungen **-heit, -keit, -nis** und **-ung**. Wer am schnellsten zaubern kann, gewinnt!

Wörter mit den Nachsilben -ig, -isch, -lich und-los

Mit den Nachsilben **-ig, -isch, -lich, -los** können Adjektive gebildet werden. Die Endungen **-ig** und **-lich** sind nicht immer gut zu unterscheiden. Verlängerst du das Wort (fröhlich – das fröhliche Mädchen, lustig – die lustige Fee), dann hörst du deutlich, wie du es schreiben musst!

53 Auf der Raumstation

Freudlos blickte der Raumfahrer aus dem Fenster. **Ehrgeizig** hatte er darauf hingearbeitet, ins **amerikanische** Raumfahrtprogramm aufgenommen zu werden, und nun reagierte er **allergisch** auf die Schwerelosigkeit. Warum war er so **empfindlich**? Das sah ihm gar nicht **ähnlich**. Der **russische** **Kosmonaut** näherte sich ihm **schwerelos**. **Zweifellos** wollte er ihn trösten.
„Das wird schon wieder“, beruhigte ihn der **Kosmonaut**. „Auch mir ist es anfangs nicht anders ergangen.“
Halbherzig nickte der der Raumfahrer. **Wahrscheinlich** hatte sein Kollege Recht. Doch bis es ihm besser ging, würde er sich **lustlos** fühlen.

85 Wörter · diktiert am: ....

Wörter mit der Nachsilbe -ieren

Die meisten deutschen Verben enden in der Grundform auf **-en** (machen, sagen, schlafen) oder **-n** (klappern, poltern). Einige Verben haben aber die Nachsilbe **-ieren** (marschieren, telefonieren).

54 Bildbearbeitung

Kai wollte das neue Bildbearbeitungsprogramm **ausprobieren**. Sein großer Bruder kam jedoch ins Zimmer und teilte ihm mit, dass Papa mit ihm **telefonieren** wollte. Sein Vater wollte ihm zum Geburtstag **gratulieren**. Als Kai aufgelegt hatte und wieder am Computer saß, fiel es ihm nicht leicht, sich zu **konzentrieren**. Warum war Papa auf seinem Geburtstag auf Geschäftsreise? Dann sah Kai auf einem der Bilder im Hintergrund ein blauhaariges Monster einen Baum **beschmieren**. War es Kai gelungen, dieses Wesen unabsichtlich zu **fotografieren**? Das unterdrückte Grinsen seines Bruders verriet ihm die Wahrheit. Er hatte das Bildbearbeitungsprogramm genutzt, um ihn zu **schockieren**. Mit einer Taste ließ sich das Monster **wegradieren**.

105 Wörter · diktiert am: ....

Wörter mit der Nachsilbe -tion

Wörter mit der Nachsilbe **-tion** sind Nomen und werden großgeschrieben. Es handelt sich dabei meistens um Fremdwörter.

55 Vereitelter Überfall

Die **Geheimorganisation** hatte die **Operation** lange geplant. Sie war auf jede **Situation** vorbereitet. Von verschiedenen **Positionen** aus beobachteten Scharfschützen die **Aktion**. Der letzte Fehlschlag war für sie eine schmerzhafte **Lektion** gewesen, aus der sie viel gelernt hatten.
Schließlich tauchte ihr Agent auf. Er hatte die **Funktion** des Bankmanagers übernommen und ging zur Tür. Als er die **Kombination** für das Schloss eingab, näherten sich ihm schnell zwei Männer. Sie zogen ihre Waffen und bedrohten den Agenten. Doch mit der folgenden **Reaktion** hatten sie nicht gerechnet. Die Scharfschützen riefen ihnen Warnungen zu und feuerten in die Luft. Dadurch waren sie so abgelenkt, dass der Agent sie leicht überwältigen konnte.

107 Wörter · diktiert am: ....

Wie heißt das Gegenteil?
Suche Adjektive aus diesem Buch heraus. Schau dir jedes Wort an und überlege, wie das Gegenteil zu diesem Wort heißt. Schreib deine Wörter auf.
Beispiel:
dick – dünn,
klug – dumm,
groß – klein, ...

4. Zusammengesetzte Wörter

Zusammengesetzte Nomen
Neue Nomen kannst Du bilden, wenn du zwei oder mehr Nomen zusammensetzt (Geburtstag + Fest + Zelt → Geburtstagsfestzelt). Wie alle Nomen werden sie großgeschrieben.

56 Letzte Vorbereitungen

Der **Hexenmeister** hielt seinen **Zauberstab** über den **Kupferkessel** und murmelte einen **Zauberspruch**. Die grüne Flüssigkeit zischte und brodelte. In wenigen Stunden begann das **Sonnenfinsternisfest** und der **Hexenmeister** würde seinen Gästen ein **Überraschungsgetränk** bieten, mit dem sie sich alle für einige Stunden in **Ameisenmenschen** verwandeln konnten.

45 Wörter · diktiert am: ....

57 Die kaiserliche Armee

Die **Kriegsarmee** der **Samurai** war für die **Verteidigungsschlacht** des Kaisers gut vorbereitet. Die Männer trugen ihre **Schutzrüstungen** und hielten ihre **Kampfschwerter** in die Höhe. Mit lauten **Schlachtrufen** trieben die **Samurai** ihre Pferde an. Schon ihr Anblick genügte, um den Feind in die Flucht zu schlagen.

45 Wörter · diktiert am: ....

Zusammengesetzte Nomen

Man kann **zwei, drei oder mehr Nomen** zu einem einzigen langen Nomen **zusammensetzen.** Um ein solches zusammengesetztes Nomen besser aussprechen zu können, setzt man manchmal ein sogenanntes **Fugen-s** ein (Geburtstag**s**feier).

58 Im 23. Jahrhundert

Das riesige **Raumschiff** war noch an der **Startrampe** befestigt, als plötzlich die **Alarmsirenen** ertönten. Auf dem **Radarschirm** war eine feindliche Flotte der außerirdischen **Raumjäger** zu erkennen. Schnell wurden die **Treibstoffraketen** gestartet und die **Befestigungshaken** der **Startrampe** weggesprengt. Das **Raumschiff** schoss in die Höhe. Es dauerte nur wenige **Augenblicke**, bis es das **Weltall** erreicht hatte. Nun nahm es mit **Lichtgeschwindigkeit** die Spur der Außerirdischen auf.

64 Wörter · diktiert am: ....

Treppendiktat

Gibt es bei dir zu Hause eine Treppe? Super, dann kannst du dich gleich locker machen. Suche 10 Diktatwörter aus dem oberen Diktat heraus und schreibe sie auf Kärtchen. Lege sie dann auf den Stufen aus. Das schwierigste Wort legst du auf die Stufe, die am weitesten entfernt ist. So musst du dir das Wort besonders gut und lange merken. Gehe nun zur Treppe und merke dir das erste Wort auf der ersten Stufe. Gehe zurück in dein Zimmer und schreibe das Wort auf ein Blatt Papier. Wiederhole das Stufe für Stufe, bis du auch das schwierigste Wort aufgeschrieben hast. Sammle am Ende deine Kärtchen ein und vergleiche sie mit deinem Aufschrieb. Na, wie hat es geklappt?

Zusammengesetzte Adjektive

Auch Adjektive können **zusammengesetzt** werden. Dazu schreibst du einfach ein **Adjektiv, Verb oder Nomen vor ein anderes Adjektiv**: hell + rot → hellrot, Wunder + schön → wunderschön. Vergiss nicht, die neuen Adjektive **klein** zu schreiben!

59 Der Informant

Es war eine **pechschwarze** und **bitterkalte** Nacht, in der ich unterwegs war. Zwei Stunden zuvor hatte mich ein unbekannter Mann telefonisch gebeten, zu der **dunkelgrünen** **Villa** der Familie Frankenstein zu kommen. Damit er mich **frühzeitig** erkennen konnte, sollte ich ein gestreiftes Hemd, eine **moosgrüne** Jacke und **hellblaue** Schuhe tragen. Da ich bei diesem Fall nicht vorwärtskam, ließ ich mich auf das Treffen am **wunderschönen** Wohnsitz der **neureichen** Familie ein. Doch mein Informant erschien nicht. Stattdessen wurde zur gleichen Zeit mein Büro von Einbrechern ausgeräumt. Wie **tolldreist** sie mich hereingelegt hatten!

84 Wörter · diktiert am: ....

Verbindungen aus Verben

Manchmal gehören **zwei Verben** vom Sinn her fest zusammen. Sie werden aber sie werden trotzdem **getrennt geschrieben** (liegen lassen).

60 Ein anstrengender Urlaub

Eigentlich hörte sich zu Beginn alles super an. In den Sommerferien wollten wir Urlaub an der Ostsee machen. Als wir nach acht Stunden Autofahrt endlich ankamen, wollten meine Schwester Maja und ich nur noch unsere Koffer **fallen lassen** und **schlafen gehen**. Wir waren todmüde. Am nächsten Tag stellte sich heraus, dass wir alle ganz unterschiedliche Vorstellungen von Urlaub hatten. Unsere Eltern wollten jeden Tag stundenlang **spazieren gehen**. Wie langweilig! Maja wollte entweder am Strand liegen und dort die Jungs aus dem Ort **kennen lernen** oder **einkaufen gehen**. Und ich? Ich wollte meinen brandneuen Drachen **steigen lassen**, aber tagelang gab es keinen Wind. Die Flaute war natürlich erst an dem Tag vorbei, an dem wir abreisen wollten. Aber für ein paar Stunden reichte es dann noch. Und ich hatte die volle Aufmerksamkeit der Jungs, die sich eigentlich für Maja interessieren sollten.

140 Wörter · diktiert am:

Zusammensetzungen aus Nomen und Verben

Du weißt schon, dass man zwei Nomen zu einem neuen Wort zusammensetzen kann (→ S. 72). Auch aus Verben und Nomen kann man neue Wörter bilden (schreiben + Tisch → Schreibtisch).

61 Sechs Schuss

Das **Kaufhaus** hatte sich für die jungen Besucher etwas Besonderes einfallen lassen: Wer beim **Torwandschießen** die meisten Treffer erzielte, gewann eine kostenlose Jahreskarte für das **Schwimmbad**.
Michael las beim **Schuhkauf** davon und überredete seine Mutter, dorthin zu gehen. Beim **Schlangestehen** erkundigte sich seine Mutter, wieso es diese Aktion gab. Das **Einkaufszentrum** feierte sein zehnjähriges Bestehen, erklärte ihr ein junger Mann.
Schließlich war Michael an der Reihe. Bevor er den ersten Ball schoss, trank er einen Schluck Limonade und stellte sich vor, es sei **Zielwasser**. Und tatsächlich half dieser Trick, denn Michael traf fünfmal und gewann den ersten Preis. Zuhause veranstaltete er deswegen eine prächtige Jubelfeier.

105 Wörter · diktiert am: ....

Zusammensetzungen aus Nomen, Verben und Adjektiven
Du hast bereits gelernt, dass man **Nomen, Verben und Adjektive** zu **neuen Wörtern** zusammenfügen kann (→ S. 72–76). Hier kannst du alle diese Zusammensetzungen noch einmal üben!

62 Der Schrecken der Meere

Blitzschnell tauchten die **Seeräuber** am Horizont auf und hissten ihre **Totenkopfflagge**. Das **Marineschiff** des englischen **Königshauses** konnte trotz seiner schweren Bewaffnung nichts tun. Schließlich schwenkten die Matrosen **angstvoll** die weiße Flagge als Zeichen der Aufgabe. Ein **verhängnisvoller** Ruf eilte den Piraten voraus. Jeder **Seemann** wusste, dass es der **Piratenkapitän faustdick** hinter den Ohren hatte. Er kannte das **Karibikmeer** wie kein anderer und nutzte sein Wissen, um **reichhaltig** Beute zu machen. Wer nicht **rechtzeitig** aufgab, dessen Schiff wurde zu **Brennholz kleingeschossen**. Doch dieses Mal erlebte der **Piratenkönig** eine böse Überraschung. Kaum hatte er das feindliche Schiff betreten, wurden er und seine **Gefolgsleute** von einer unter dem **Schiffsdeck** wartenden Armee überwältigt.

109 Wörter · diktiert am: ....

5. Gleichklingende Wörter und Silben

seid und seit

Die beiden Wörter klingen genau gleich, werden aber unterschiedlich geschrieben. **Seid** kommt vom Verb **sein** (er ist, wir sind, ihr seid). **Seit** hingegen ist eine Präposition und bezeichnet ein zeitliches Verhältnis (Seit gestern, seit einer Stunde).

63 Die Standpauke

„Ihr **seid seit** einer Stunde überfällig“, beschwerte sich der Trainer bei seinen beiden wichtigsten Spielern. „Nur weil ihr die besten **seid**, dürft ihr nicht machen, was ihr wollt.“ Wie hätte er auch wissen sollen, dass sie **seit** dem frühen Morgen für das Pokalfinale trainiert und dabei die Zeit vergessen hatten?

50 Wörter · diktiert am: ....

Mann und man

Der **Mann** ist das Gegenstück zur Frau (Mein Papa ist ein starker Mann.). **Man** kannst du statt **alle** oder **viele Menschen** benutzen (Alle feiern Weihnachten. → Man feiert Weihnachten.).

64 Roboterhilfe

In ferner Zukunft wird **man** einen echten **Mann** nicht mehr von einem Roboter unterscheiden können. Die Forscher arbeiten fleißig. Bald werden Roboter wie **Mann** und Frau aussehen. In vielen Jahren wird **man** sich nicht mehr daran erinnern, wie **man** früher die Arbeit ohne Hilfe der Roboter geschafft hat.

48 Wörter · diktiert am: ....

Paar und paar

Das Wort **Paar** steht für zwei Dinge oder Menschen, die zusammengehören (ein Paar Socken, ein Paar Schuhe). Du schreibst es immer groß. Dagegen bezeichnet das Wort **paar** eine unbestimmte Anzahl und wird immer kleingeschrieben (Willst du etwas lernen? Schreibe ein paar Diktate!).

65 Eine dicke Belohnung

Der Polizist zeigte auf ein **paar** Fotos, die auf seinem Schreibtisch lagen. „Und du bist dir sicher, diese zwei gesehen zu haben?“Jan nickte aufgeregt. Seine Beobachtung würde das diebische **Paar** überführen. Bestimmt bekam er dafür zur Belohnung ein **paar** Kugeln Eis.

42 Wörter · diktiert am: ....

end- und ent-

Die Silbe **end-** kommt vom Wort **Ende** (endlich, endgültig, beenden). Die Vorsilbe **ent-** dagegen hat nichts damit zu tun (Entschuldigung, entschließen). Immer wenn du ein Wort nicht von **Ende** ableiten kannst, schreibst du es mit **ent-**.

66 Außenseiter gegen Favorit

Das **Endspiel** um den Tennispokal **entschied** sich erst in der **Endminute** des letzten Satzes. **Entgegen** den Erwartungen hielt der Außenseiter Gewinnnix gut mit und gewann den ersten Satz. Der zweite Satz ging dann aber an seinen **Endspielgegner** Haudrauf. Im dritten Satz war wieder alles ausgeglichen. Als der Schiedsrichter bei einem knappen Ball auf Aus **entschied**, stöhnte Haudrauf **entnervt** auf. Plötzlich war er mit seiner Kraft am Ende. Ein leichter Fehler besiegelte kurz darauf seine Niederlage. **Enttäuscht** gratulierte Haudrauf dem siegreichen Gewinnnix.

81 Wörter · diktiert am: ....

wieder und wider

Diese beiden gleichklingenden Wörter kannst du unterscheiden, wenn du an ihre Bedeutung denkst. **Wieder** hat oft die Bedeutung von **noch einmal**, **erneut** (wiederkommen, Wiederholung). **Wider** hingegen bedeutet **gegen** (widersprechen, Widerstand).

67 Eine anstrengende Diskussion

„Das Ende der Dinosaurier wurde von einem **Meteoriteneinschlag** eingeläutet“, **wiederholte** der Professor geduldig. „Das ist ja **widersinnig**“, **widersprach** der altkluge Student Besserwissi. „Die gigantischen Fürze der Dinosaurier haben die Luft verpestet. Daran sind alle Dinosaurier eingegangen.“ **Wieder** einmal musterte der Professor seinen Studenten fassungslos, doch Besserwissi fuhr unbeirrt fort. „Das ist **unwiderlegbar**.“

„Schade, dass ich Ihre Zulassung für meinen Kurs nicht **widerrufen** kann“, **erwiderte** der Professor. „Das ist ja mal **wieder** haarsträubend!“

72 Wörter · diktiert am: ....

Wort-Mahlzeit

Gibt es ein Wort, bei dem du dich immer wieder verschreibst und dir einfach nie sicher bist? So kannst du es dir besser merken: Buchstabiere das Wort jedes Mal vor dem Essen. Stelle dir dabei ganz genau vor, wie es aussieht. Wenn dir dabei sogar noch jemand zuhört, weißt du gleich, ob es diesmal geklappt hat. Guten Appetit!

Herr und her

Das Nomen **Herr** benutzt man als **Anrede** (Herr Meier) oder anstelle des Wortes **Mann** (ein netter alter Herr). Es steckt auch in längeren Wörtern, die etwas mit **Personen** zu tun haben: Herrin, Herrschaft. Das Wörtchen **her** beschreibt meist eine **Bewegung** auf etwas zu (Gib her! herkommen).

68 Die silberne Münze

„Komm doch mal **her**“, rief mir der alte **Herr** zu. Seine Stimme klang **herausfordernd**. Fast so, als wäre ich zu feige, seiner Aufforderung zu folgen. Ich schaute neugierig zu ihm **herüber**. Dann sah ich ihn eine silberne Münze aus der Hosentasche **herbeizaubern**. „Diese Münze verschafft dir die **Herrschaft** über die Welt. Dafür musst du nur zwei Flaschen Wasser aus dem Supermarkt **herholen**.“
Nach einigen Sekunden der Überraschung lachte ich laut auf. „**Herrlich**! Aber Sie müssen doch nicht **herumalbern**, nur damit ich Ihnen helfe.“

83 Wörter · diktiert am: ....

Uhr und ur-

Armband**uhren** und Küchen**uhren** – die kennst du bestimmt! Hier darf das **h** in der **Uhr** nicht fehlen. Anders die **Vorsilbe ur-**, die immer etwas mit **alt** oder **lange zurückliegend** zu tun hat (uralt, Urgroßvater, Urknall).

69 Die Zeitreisemaschine

Peter blickte auf seine **Uhr**. Gleich würde er mit seiner Zeitreisemaschine in die Vergangenheit reisen und endlich den **uralten** Fehler seines **Urahnen** Dumpfkopf korrigieren. Er stieg in seine Zeitmaschine und machte es sich bequem. Sein **Urgroßvater** würde staunen, wenn er ihm begegnete und ihn vor der verhängnisvollen Wette mit dem fiesen **Uhrmacher** warnte. Da bemerkte Peter, dass die **Maschinenuhr** zu schnell lief. Bevor er eingreifen konnte, war das Unglück passiert. Die Maschine zischte und blitzte und schickte ihn zurück auf den **Urkontinent** der Erde.

84 Wörter · diktiert am: ....

Saite und Seite

Diese beiden Nomen klingen gleich. **Meistens** brauchst du die **Seite** mit **ei** (Dieses Buch hat 112 Seiten; auf der anderen Straßenseite). Die **Saiten** mit **ai** erklingen in vielen **Musikinstrumenten** (Geigen, Gitarren, Harfen und Klaviere haben lange, dünne Saiten.).

70 Die Beschwörung der Dämonen

„Geh **beiseite**“, zischte der Zauberer und trat den Kobold mit der harten **Seite** seiner Schuhe.
„Sie dürfen nicht auf die böse **Seite** wechseln“, bat ihn der Kobold.
An der **Seite** des Zauberers stand die Zauberharfe. Er zupfte an ihren **Saiten** und lauschte. Von allen **Seiten** war plötzlich mächtiges Gebrüll zu hören. Die Dämonen machten sich auf den Weg zu ihm. Kurz darauf musste der Zauberer feststellen, dass das Zupfen der **Harfensaiten** sein größter Fehler gewesen war. Aber da war es bereits zu spät für ihn.

85 Wörter · diktiert am: ....

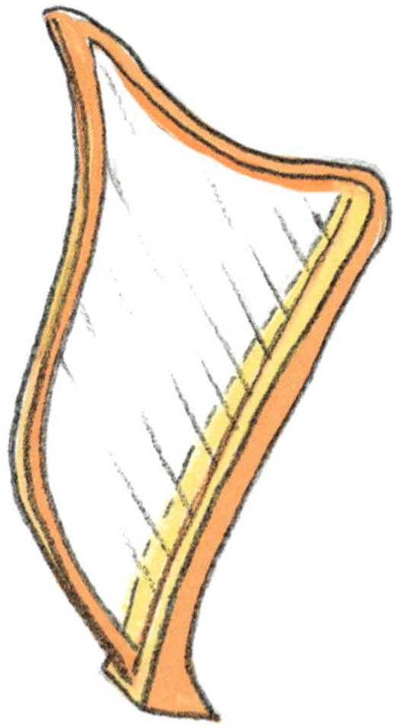

viel und fiel

Diese beiden Wörter klingen gleich, werden aber am Anfang unterschiedlich geschrieben. Damit du sie richtig schreibst, achte auf diese Unterscheidung: **Viel** heißt **eine Menge** (Iss viel Obst und Gemüse!) und wird mit **v** geschrieben. **Fiel** kommt von **fallen** und wird mit **f** geschrieben (Der Frosch fiel die Treppe runter.).

71 Olympischer Wettbewerb

Dicke Regentropfen **fielen** vom Himmel herab. Warum musste es ausgerechnet heute so **viel** regnen, ärgerte sich der Bogenschütze. Die letzten Monate hatte er **viel** trainiert, aber fast immer hatte dabei die Sonne geschienen. Der Schütze konzentrierte sich auf seinen letzten Schuss. Noch war im Finale alles möglich. Er konnte die Goldmedaille gewinnen, aber mit einem schlechten Ergebnis **fiel** er auf den vierten Platz zurück. Seine Konkurrenz hatte ihn mit **vielen** guten Treffern unter Druck gesetzt. Mit **viel** Kraft zog er die Bogensehne zurück und löste den Schuss. Als er sah, dass er die höchste Punktzahl getroffen hatte, **fiel** er glücklich zu Boden und riss die Arme hoch.

107 Wörter · diktiert am: ....

leeren und lehren

Diese Wörter sind knifflig, denn beide klingen gleich. Die **Lehrerin** in der Schule **lehrt** dich schreiben und lesen. Alle Wörter die etwas mit **lehren** zu tun haben, schreibst du mit **h**. Wenn du dagegen etwas **ausleerst** oder **leer** machst, schreibst du **ee**. Du musst also scharf nachdenken, was gemeint ist!

72 Im Unterricht

„Ich weiß nicht, wie ich es euch sonst **lehren** soll“, sagte der **Lehrer** Breitschädel. Seine Stimme klang beinahe verzweifelt. Er stand auf und **leerte** seine Taschen. Zwei Taschentücher und eine **leere** Packung Kaugummi landeten im Mülleimer. „Also gut. Versuche ich noch einmal, euch die Sache zu erklären.“ Breitschädel seufzte. „Wenn der Treibstofftank eines Raumschiffs **leer** ist, wird es sich trotzdem fortbewegen, denn schließlich bewegt sich auch die Erde um die Sonne, ohne über einen Antrieb zu verfügen.“ Der **Lehrer** blickte in die Gesichter seiner Schüler. Sie wirkten **leer** und verständnislos. Seine **Belehrungen** halfen offensichtlich nicht.

95 Wörter · diktiert am: ....

Meer und mehr

Am Strand siehst du das blaue **Meer**: Es ist ein Nomen, das **groß** und mit **ee** geschrieben wird. Das **kleingeschriebene** Wörtchen **mehr** mit **h** brauchst du, wenn es Kuchen oder Pudding gibt, oder?

73 Auf der Suche nach dem Ungeheuer

Die Piraten hatten auf allen **Weltmeeren** nach dem Ungeheuer Gigantus gesucht. Ihr Kapitän war der Meinung, dass die Riesenkrake **mehr** als eine Legende sei. „Wir brauchen noch **mehr** Waffen, wenn wir ihr begegnen“, flüsterte der Kapitän bei einem Blick auf das **Meer** von Harpunen und Kanonen. Die Besatzungsmitglieder schüttelten hinter seinem Rücken die Köpfe. Sie verdienten bei ihm zwar **mehr** Geld als bei anderen Kapitänen, aber ihre **Meeresüberfahrten** waren anstrengend und überflüssig. Plötzlich wühlte sich das ruhige **Meer** auf. Ein gigantischer Körper mit acht riesigen Tentakeln tauchte auf und bewies, dass der Kapitän Recht gehabt hatte. Nach **mehr** als zehn Stunden Kampf besiegten die Piraten schließlich Gigantus.

107 Wörter · diktiert am: ....

Buchstabensätze

Denk dir einen beliebigen Buchstaben aus. Versuch nun einen möglichst langen Quatsch-Satz mit Diktatwörtern aus diesem Buch zu bilden, die mit diesem Buchstaben beginnen. Schreibe deinen Satz auf und vergleiche die Wörter mit denen im Buch. Wie viele Wörter konntest du einbauen?

Beispiel: Du überlegst dir den Buchstaben ‚k‘ und erfindest:
Kann Katja keine kaputten Kartoffeln kochen?

6. Silbentrennung

Trennung nach Wortbestandteilen

Du hast das Ende der Schreiblinie erreicht, aber das Wort ist noch nicht zu Ende? Jetzt geht es darum richtig zu trennen. **Zusammengesetzte Wörter** trennst du nach den einzelnen Wortbestandteilen (Himmel-bett, Ball-kleid).

74 Bankräuberverfolgung

Das **Polizei-auto** raste mit **Blau-licht** um die **Straßen-ecke**. Die **Bank-räuber** hatten nur noch einen geringen Vorsprung. Ein Polizist kurbelte das **Auto-fenster** herunter und schoss mit seiner Waffe auf die Reifen. Er traf den linken Hinterreifen. Das Auto schleuderte gegen eine **Straßen-laterne** und die **Motor-haube** wurde eingedrückt. Kurz darauf klickten **Hand-schellen**.

50 Wörter · diktiert am: ....

Rechtschreib-Polizist

Dein Partner schreibt einige Diktatwörter für dich auf Kärtchen und versteckt sie im ganzen Haus. Dabei baut er absichtlich Fehler in die Wörter ein. Nun darfst du wie ein Polizist auf Spurensuche gehen und alle Kärtchen und Fehler aufspüren. Verbessere alle Fehler. Zum Schluss überprüft dein Partner, ob du wirklich alle Kärtchen und alle Fehler entdeckt hast. Nun tauscht ihr die Rollen.

Trennung nach Sprechsilben

Wörter mit zwei Silben kannst du nach **Sprechsilben** trennen (La-den, kau-fen). Sprich das Wort laut und klatsche dabei die einzelnen Silben. So weißt du genau, an welcher Stelle du das Wort trennen musst.

75 Verängstigte Gespenster

Die **Geis-ter spür-ten** zum **ers-ten** Mal **gro-ße** Angst. Was für **Fla-schen wa-ren** das? **Grü-ner Ne-bel** drang aus den **Fla-schen he-raus**. Der **klei-ne** Geist Buhu **schweb-te mu-tig he-ran** und nahm **ei-nen** Schluck. Es war **köst-lich**! **Manch-mal lohn-te** es sich, **mu-tig** zu sein.

41 Wörter · diktiert am: ....

Trennung bei aa, ee und oo

Die Doppelvokale **aa, ee, oo** bleiben bei der Trennung immer zusammen (Staa-ten, Mee-re, Moo-re).

76 Schwierige Geschäfte

Nachdem der Wikinger Starkmann das Angebot abgelehnt hatte, nahm der Händler Waregut die **Bee-ren** von der **Waa-ge**. „Ihr Wikinger seid seltsam. Mit euren **Boo-ten** fahrt ihr gefährliche **Mee-re** entlang. Ihr traut euch aber nicht, unbekanntes Obst zu essen."

38 Wörter · diktiert am: ....

Trennung bei au, äu, ei und eu
Auch **au**, **äu**, **ei**, und **eu** werden nicht getrennt (Tau-ben, Mäu-se, Mei-sen, Eu-len).

77 Umsonst geschuftet

Heu-te war ein großer Tag. Nachdem **ei-nige Bäu-me** gefällt worden waren, war das Schiff fertig. Die Wikingerfamilie Schrecklich würde sich darauf wie zu **Hau-se** fühlen. Doch in ihrer **Freu-de** bemerkten sie nicht ihren Feind. Der schlich sich **lei-se** heran und zerstörte das Schiff mit großen Felsen vom Ufer aus.

49 Wörter · diktiert am: ....

Trennung bei Dehnungs-h
Bei der Trennung von Wörtern bleibt das **Dehnungs-h** immer bei dem Vokal oder Umlaut, der im vorausgeht (Müh-le, Höh-le).

78 Fürs Lernen belohnt

Der Ritter Labara stellte seine **Söh-ne** vor die Wahl. Wenn sie nicht **zäh-len** lernten, durften sie nicht mit ihm zum Ritterturnier **fah-ren**. Einer der **Söh-ne** blieb lieber zu Hause. Die anderen hatten großen Spaß auf dem Turnier.

37 Wörter · diktiert am: ....

Trennung nach Sprechsilben
Wörter mit drei oder mehr Silben kannst du nach **Sprechsilben** trennen (Mar-me-la-de, He-xen-be-sen).

79 Schulaufsatz im Jahr 2027

Die **Au-ßer-ir-di-schen lan-de-ten** mitten in einer **ster-nen-kla-ren** Nacht mit ihren **Raum-schif-fen** auf **un-se-rem Pla-ne-ten**. Zunächst hatten wir Menschen Angst vor ihnen. Wir **fürch-te-ten**, dass sie **un-se-re** Welt **zer-stö-ren** würden. Aber diese Wesen kamen in Frieden zu uns. Ihr Wissen brachte den Menschen Fortschritt. Sie zeigten uns, wie man **Rie-sen-ro-bo-ter her-stel-len** und mit reiner **Son-nen-kraft** jede **Ma-schi-ne an-trei-ben** kann. Heute leben wir Seite an Seite mit den **Au-ßer-ir-di-schen**. Einer meiner besten Freunde ist ein kleines, grünes Männchen namens **Mond-ge-sicht**.

78 Wörter · diktiert am: ....

Trennung bei Doppelkonsonanten
Wörter mit Doppelkonsonanten trennt man so, dass der letzte Konsonant immer auf die neue Zeile kommt (Was-ser, Sup-pe). Folgt nach dem Doppelkonsonant ein weiterer Konsonant, so kommt dieser auf die neue Zeile (Hoff-nung).

80 Im Strafraum zu Boden gerissen

„Was für ein **Af-fe**!“, fluchte der **Mit-telfeldspieler** Ballaballa, nachdem sich sein Gegner an ihn **geklam-mert** und ihn zu Boden **geris-sen hat-te**. **Im-merhin hat-te** der Schiedsrichter alles gesehen und deswegen einen Elfmeter **gepfif-fen**. Obwohl Ballaballa den Elfmeter nicht selbst ausführen sollte, nahm er den Ball und legte ihn **vol-ler** Wut auf den Kreidepunkt. Er lief an und schoss übers Tor. Manchmal ist es doch **bes-ser**, einem Mitspieler den Vortritt zu **las-sen**.

69 Wörter · diktiert am: ....

„Suchsel“
Damit ein „Suchsel“ Spaß macht, müsst Ihr mindestens zu zweit sein. Ein „Suchsel“ ist ein Wortgitter aus Diktatwörtern. Nehmt dazu jeder ein kariertes Blatt Papier und schreibt in die Kästchen jeweils 10 Diktatwörter, die ihr aus den Diktaten für eure Klassenstufe heraussucht. Die Wörter könnt ihr waagerecht, senkrecht oder auch diagonal eintragen. Die freien Kästchen füllt ihr mit beliebigen Buchstaben auf – schon sind die Wörter viel schwerer zu erkennen und haben sich gut versteckt.
Tauscht dann eure „Suchsel“ aus, findet die versteckten Wörter und kreist sie ein. Wenn ihr fertig seid, tauscht die Blätter noch einmal aus. Kontrolliert genau, ob euer Partner auch alle Wörter entdeckt hat. Wer mehr Wörter gefunden hat, ist natürlich der Gewinner.

Trennung bei ch, ck und sch

Die Buchstabenverbindungen **ch, ck** und **sch** werden wie ein **einziger Laut** ausgesprochen. Daher darfst du sie auch **nicht trennen** (Tü-cher, wa-ckeln, Ta-sche). Nicht vergessen: Es gehört immer der erste Konsonant auf die neue Zeile!

81 Eine Bonbonidee

Kommissar Schnüffelmann holte ein **le-ckeres** Bonbon aus der **Ta-sche**, während er die Tatortfotos ansah. Er war sich **si-cher**, etwas übersehen zu haben. Der Geschmack des Bonbons breitete sich köstlich auf seiner Zunge aus. Es schmeckte herrlich nach Erdbeeren. Auf einmal fiel ihm ein kleiner, erdbeerroter **Fle-cken** auf einer **Ja-cke** auf. Sie gehörte dem Verdächtigen. Wieso war das Kleidungsstück **dre-ckig** geworden? Schnüffelmann grinste. Das Bonbon mit dem **Erdbeerge-schmack** hatte ihn auf die richtige Spur gebracht. Manchmal war es ganz einfach, Verbrecher zu jagen.

81 Wörter · diktiert am: ....

Trennung bei pf

Wörter mit **pf** werden zwischen **p** und **f** getrennt (Karp-fen). Aber Achtung bei zusammengesetzten Wörtern! Diese werden nach Wortbestandteilen getrennt (Brat-pfanne).

82 Eisige Höhle

Die „Wilde Resi“ hatte den letzten Leuchtturm hinter sich gelassen. Nun **kämp-fte** sie sich durch das eisige Wasser. Am Bug stand ein Pirat und **klop-fte** mit einem langen Stab auf die dünne Eisschicht. Noch war das Wasser befahrbar. „Hoffentlich hat es sich gelohnt, dem Offizier die Karte **abzuknöp-fen**“, flüsterte Kapitän Einauge, als vor ihnen die riesige Höhle auftauchte, in der ein Schatz versteckt sein sollte. **Eiszap-fen** hingen von der Höhlendecke herab, dicke **Wassertrop-fen** fielen von ihnen hinab ins Meer. Gemeinsam hielten sie Ausschau nach dem größten **Zap-fen**, denn er war der Hinweis auf das Versteck.

95 Wörter · diktiert am: ....

Trennung bei st

Wörter mit **st** werden zwischen **s** und **t getrennt** (hus-ten, has-tig). Aufpassen musst du nur bei zusammengesetzten Wörtern, denn die trennt man nach den Wortbestandteilen (Morgen-stern).

83 Das Geschenk

Der Schüler Abrakadabra machte sich an einem **duns-tigen** Morgen auf den Weg zu seinem **Meis-ter**. Der **Geis-terjäger** hatte ihn mit **düs-teren** Worten herbeigerufen. Auf seinem Rücken trug Abrakadabra die **Ausrüs-tung**. Nachdem die kurze **Dis-tanz** zum Haus des **Meis-ters** zurückgelegt war, stieg er von dem Besen und klopfte an die Tür. Dann trat er ein und sah seinen Herrn, der mit Leim und Papier bedeckt war. „Endlich bist du da. Ab sofort übernimmst du das **Bas-teln** des Geschenkes für meine **Schwes-ter**", fluchte er.

82 Wörter · diktiert am: ....

Trennung bei tz
Wörter mit **tz** trennt man zwischen **t** und **z** (Kat-ze, Frat-ze). Bei zusammengesetzten Wörtern heißt es aufpassen und nach Wortbestandteilen trennen (Hitz-kopf).

84 Die Kabinenansprache

Der Trainer hatte die Heizung in der Kabine hochdrehen lassen. Seine Spieler sollten **schwit-zen**, bevor sie wieder auf das Basketballfeld liefen. „Wir sollten die Gelegenheit **nut-zen**, uns an der **Tabellenspit-ze festzuset-zen**", beschwor er sie. „Unsere Fans auf den **Sitz-plät-zen** erwarten euren Einsatz. Jeder von euch, auch die **Ersatz-leute**, muss sein Bestes geben. Ich werde versuchen, drei Auswechselspieler **einzuset-zen**. Und jetzt will ich viele Körbe und keine **Pat-zer** sehen." Er klatschte in die Hände. Das Spiel konnte beginnen.

77 Wörter · diktiert am: ....

Autonummern
Schreib Autonummern, die dir einfallen, auf ein Blatt Papier. Du kannst eure eigene notieren, aber auch beliebig weitere erfinden: aus anderen Städten, mit Anfangsbuchstaben, die du magst ... Schreibe dann zu jedem Buchstaben der Autonummern ein Diktatwort aus diesem Buch auf.
Beispiel: LB – PT 249
L = Land
B = Berg
P = Pferd
T = Tag

Trennung bei ß

Steht **ß** als einziger Konsonant, kommt er auf die nächste Zeile (bei-ßen, flie-ßen). Ganz selten steht **ß** zusammen mit anderen Konsonanten. In diesen Fällen kommt der letzte Konsonant auf die nächste Zeile (ausschließ-lich, verdrieß-lich). Bei zusammengesetzten Wörtern trennst du wie gehabt nach Wortbestandteilen (Floß-fahrt).

85 Viel zu heiß

Drau-ßen waren es **neununddrei-ßig** Grad im Schatten. Mein bester Freund Max hatte die schwachsinnige Idee sich am Baggersee zu treffen. Der war am anderen Ende der Stadt und es wurde immer **hei-ßer**. **Au-ßerdem** war mein Fahrrad kaputt, sodass ich laufen musste. Der Schweiß lief mir schon den Rücken hinunter, als ich **schließ-lich** am See ankam. Zur **Begrü-ßung** kam Max mit einem breiten Grinsen auf mich zu und zeigte ans Ufer. Dort lagen Annika und Lisa. Die zwei waren in unserer Klasse und man konnte sie super ärgern. So schlecht war es dann gar nicht am See, wir hatten nämlich schon einen Plan ...

103 Wörter · diktiert am: ....

Schnellläufer oder Schnellschreiber?

Legt zuerst eine bestimmte „Rennstrecke“ fest (alle Stockwerke hoch und runter, einmal ums Haus herum ...). Ihr braucht außerdem dieses Buch und jeweils ein Blatt Papier. Nun sagst du deinem Partner einen bestimmten Buchstaben. Du läufst los und er sucht in der Zwischenzeit so viele Diktatwörter wie möglich, die mit diesem Buchstaben beginnen und schreibt sie auf. Sobald du wieder ankommst, muss dein Partner den Stift fallen lassen. Nun wechselt ihr euch ab. Wer konnte die meisten fehlerfreien Wörter sammeln?

Trennung von zusammengesetzten Wörtern

Lange Wörter, die aus zwei anderen Wörtern **zusammengesetzt** sind, trennst du zwischen den Wortbestandteilen (Marmeladen-topf, Trink-becher). Auch Wörter mit **Vor- und Nachsilben** werden zwischen ihren einzelnen Bestandteilen getrennt (ver-liebt, höf-lich).

86 Das Wurmloch

Die **Wissen-schaftler** starrten auf den **Bord-computer**. Sie näherten sich **un-aufhaltsam** dem **Wurm-loch**. Wenn ihre Theorie stimmte, würden sie wie von einem **Staub-sauger an-ge-saugt** und zurück in die **Ver-gangen-heit** geschleudert werden. In welcher Zeit würden sie landen? Plötzlich vibrierte das **Raum-schiff**, **Licht-blitze er-schienen** um sie herum und der Computer zeigte an, dass sie **Licht-geschwindig-keit** er-reicht hatten. Alle Menschen an Bord verloren das **Bewusst-sein**. Als sie wieder **er-wachten**, hatte das Schiff in einer **Sand-wüste** eine **Bruch-landung** hingelegt. Die **Raum-fahrer** traten über die **ge-öffneten Raum-schiffs-luken** ins Freie. Sie sahen weiß **ge-kleidete** Personen, die staunend auf sie **zu-kamen**. „Sie sehen aus wie die alten Ägypter“, flüsterte der **Forschungs-leiter**.

104 Wörter · diktiert am: ....

Trennung bei ps

Wörter mit ps werden zwischen p uns s getrennt (Hop-ser).

87 Abenteuer im Zoo

Der verrückte Wissenschaftler Wirrkopf hatte die **Kap-sel** in seinem Ärmel versteckt. Während der Öffnungszeit des Zoos war er wie ein normaler Besucher herumgelaufen und hatte sich seine Kamera vors Gesicht gehalten. Er wollte möglichst viele Tiere **knip-sen**, **tap-sige** Bären genauso wie **hop-sende** Ziegenböcke. Kurz vor der Schließung hatte er sich dann gut versteckt und bis zur Dämmerung gewartet. Er trat vor das Löwengehege und **schnip-ste** die **Kap-sel** einem Löwen vor das Maul. Der Löwe fraß sie und schrumpfte innerhalb von Sekunden. Wirrkopf lachte wie wahnsinnig. Er hatte es geschafft. Mit seiner Erfindung würde er alle Tiere verkleinern und sie einstecken, um zu Hause einen eigenen Zoo zu besitzen.

109 Wörter · diktiert am: ....

Trennung bei sp

Wörter mit **sp** werden zwischen dem **s** und dem **p** getrennt, wenn nach dem **p** ein Vokal folgt (Res-pekt). Bei zusammengesetzten Wörtern wird allerdings nach Wortbestandteilen getrennt (End-spiel, An-sporn).

88 Schmugglerware

Die Edelsteine wurden in dem Lastwagen durchgerüttelt, während das Fahrzeug die Strecke entlangraste. Der Fahrer war nicht sonderlich **ge-sprächig**. Der eingeschleuste Agent benötigte jedoch noch weitere Informationen. Er **räus-perte** sich. „Fahren wir die Edelsteine über die Grenze?“, fragte er. „Mir hat der Boss nichts verraten.“
Der Fahrer blickte ihn nur kurz über seine **ent-spiegelten** Bril-lengläser an. „Die Grenze ist **ge-sperrt**. Du hättest besser bei der **An-sprache** dabei sein sollen. Der Unterschlupf befindet sich kurz vor der Grenze.“
Diese Information reichte. Aus seiner Tasche holte der Agent heimlich eine **Roboterwes-pe** heraus und ließ sie fliegen. Sie zerstach die beiden Vorderreifen und machte ein Weiterfahren unmöglich. Der Agent hatte sich ein wenig Zeit verschafft.

112 Wörter · diktiert am: ....

Trennung bei ps, sp, st und tz

Das kennst du schon. Die Buchstabenverbindungen **ps, sp, st** und **tz** werden immer zwischen diesen zwei Buchstaben getrennt, wenn sie vor einem Vokal stehen. Nur bei zusammengesetzten Wörtern wird zwischen den Wortbestandteilen getrennt.

89 Überschätzte Kräfte

„Dein Vorhaben wird furchtbares Grauen auslösen. Diese Wesen sind **Mons-ter**", keuchte der Zauberer Simsalabim **jap-send**. „Dir fehlt der **Res-pekt** vor der Natur", fügte er hinzu. Die Hexe Warzena starrte ihn verständnislos an. „So ein Quatsch", sagte sie **flap-sig**. „Dies wird ein Zeichen meiner Kraft. Eine beeindruckende Vorstellung wie die **ers-te** Vorführung des magischen Blitzableiters.

„Mach dir nicht deine Hände **schmut-zig**", rief Simsalabim besorgt.

„Du bist zu anspruchslos", warf ihm Warzena vor. „Ich **besit-ze** die Macht über diese Wesen." Schnell sprach die Hexe den Zauberspruch. Da bestätigte sich die dunkle Vorahnung des Zauberers. Ein schlammfarbenes **Mons-ter** tauchte auf, packte die kreischende Hexe und verschwand spurlos mit ihr.

106 Wörter · diktiert am: ....

7. Zeichensetzung

7.1 Grundlegende Satzzeichen

Punkt

Am Ende von Aussagesätzen steht – wie hier – ein **Punkt.** Denke daran, danach groß weiter zu schreiben.

90 Vor dem Kampf

Der Ritter Rostkopf greift zu seiner Lanze. Für diesen Tag hat er lange geübt. Er steigt auf sein Pferd und reitet auf den Kampfplatz. Die Zuschauer jubeln ihm zu. Manche schwenken bunte Fahnen, auf denen sein Wappen zu sehen ist. Mit erhobener Hand begrüßt er sie.

46 Wörter · diktiert am: ....

Fragezeichen

Weißt du, welches Satzzeichen am Schluss einer Frage steht**?** Es ist das **Fragezeichen**. Danach geht es mit einem Großbuchstaben weiter.

91 Das Leiden eines Fußballtrainers

Am Spielfeldrand springt der Trainer auf. Warum bekommt der Gegenspieler keine rote Karte**? H**at der Schiedsrichter etwa keine Augen im Kopf**? W**ieso wird meine Mannschaft immer schwerer bestraft**? A**ber laut spricht er diese Gedanken nicht aus, bevor er deswegen auf die Tribüne geschickt wird.

44 Wörter · diktiert am: ....

Ausrufezeichen

Nach erstaunten Ausrufen, nach Aufforderungen und Befehlen steht ein besonderes Satzzeichen. Kennst du es? Na klar, es ist das **Ausrufezeichen!** Darauf folgt ein Großbuchstabe.

92 Streit mit dem kleinen Bruder

Wütend betrachtet Ben sein kaputtes Auto. Sein Bruder hat es mit voller Wucht gegen den Schrank gefahren. Dabei ist ein Reifen abgesprungen. „Was für ein Mist**! S**ieh dir das an**! M**ach das nie wieder**! A**b sofort schließe ich mein Zimmer ab**!**“

41 Wörter · diktiert am: ....

Fragezeichen und Ausrufezeichen

Bestimmt weißt du, wann du ein **Ausrufezeichen** brauchst (→ S. 103). Am **Ende von Ausrufen und Befehlen**, klar! Und **Fragezeichen?** Sie beenden **Fragen** (→ S. 103). Übe beide Satzzeichen noch einmal.

93 Überfall im Zauberladen

„Was hast du gesagt?“
„Du hast mich genau verstanden! Gib mir endlich diesen Zauberstab!“ Der Dieb brüllt den alten Zauberer an.
„Warum sollte ich das tun?“
„Weil ich es dir befehle!“
Unbemerkt vom Dieb greift der Zauberer nach seinem eigenen Stab und reißt ihn plötzlich in die Luft. „Fessle dich!“ Der Dieb sackt zu Boden und seine Beine verknoten sich mit den Armen. „Hast du wirklich geglaubt, mich überlisten zu können?“ Der Zaubermeister wundert sich kopfschüttelnd über den dummen Dieb.

81 Wörter · diktiert am: ....

Wörtliche Rede: Vorangestellter Begleitsatz

Bei der wörtlichen Rede steht zuerst ein **Begleitsatz**, in dem steht, **wer** spricht. Danach folgen ein **Doppelpunkt** und der **Redesatz** mit dem, **was gesagt** wird. Er wird **Anführungszeichen** verpackt: Am Anfang des Redesatzes stehen sie unten, am Ende oben (Tom sagt: „Hallo, Frieder!“)

94 Eine spannende Unterrichtsstunde

Der Lehrer mustert seine Schüler. Die haben sich für eine besondere Unterrichtsstunde kurz vor Ferienbeginn das Thema Dinosaurier ausgesucht. Er blättert in seinen Unterlagen und sagt nach einem Räuspern**:** **„**Was wollt ihr denn über Dinosaurier wissen**?“**
Markus, Max und Julian melden sich. Der Lehrer nickt zunächst Markus zu. Markus lächelt zufrieden, bevor er seine Frage stellt**:** **„**Welches war der tödlichste Dinosaurier?**“**.
Julian stöhnt**:** **„**Das weiß doch jeder. Das war T-Rex.**“**
Nun schüttelt Max den Kopf**:** **„**Es gab größere, schnellere und gefährlichere Dinosaurier.**“**

82 Wörter · diktiert am: ....

du-er-sie-Verben
Suche alle Verben aus dem Text heraus. Schreibe zunächst die Grundform der Verben auf ein Blatt Papier. Dahinter schreibst du nun das Verb in einer Form mit **du** und **er** oder **sie** auf. Kannst du die Formen für alle Verben aufschreiben?

Wörtliche Rede: Voran- und nachgestellter Begleitsatz

Du kennst schon die Zeichensetzung für den vorangestellten Begleitsatz (→ S. 105). Steht der Begleitsatz **nach der wörtlichen Rede,** musst du ihn durch ein Komma abtrennen („Komm mit!“, sagte Markus).

95 Das Zeitreisemotorrad

„Zeitreisen sind unmöglich!“, sagt der Professor Neunmalklug. Der Student erwidert mit zweifelndem Blick: „Warum haben Sie dann Angst, sich zu mir zu setzen? Hier ist noch ein Platz frei.“
Da sich der Professor nicht blamieren will, schlurft er zu der Maschine, die wie ein Motorrad aussieht. „Sie hätten sich lieber auf Ihr Studium konzentrieren sollen“, wirft er dem Studenten vor und nimmt hinter ihm Platz.
„Das habe ich“, entgegnet der Student. „Ihre erste Vorlesung hat mich auf die Idee gebracht.“ Er schaltet die Maschine ein und ruft dem Professor zu: „Halten Sie sich fest!“ Innerhalb weniger Sekunden reisen die beiden zehntausend Jahre zurück in die Vergangenheit.

106 Wörter · diktiert am: ....

Bilderraten

Glaubst du, deine Freunde erkennen ein **Zeitreisemotorrad** auf einen Blick? Male es auf und beschrifte alle Einzelteile. Verrate aber niemandem, worum es sich handelt. Lass nun deine Freunde raten, um was für ein besonderes Gefährt es sich hier handelt. Derjenige der es zuerst errät, darf einen weiteren Gegenstand malen. Nun müsst ihr raten, was man damit machen kann. Euch fallen bestimmt jede Menge witzige Dinge ein!

Bindestrich zur Einsparung von gemeinsamen Bestandteilen

Manche Wortgruppen besitzen einen gemeinsamen Wortbestandteil. Diesen kannst du durch einen Bindestrich ersetzen. Dadurch kannst du die Wortgruppe kürzen. (Yasemin malt mit Wasser**farben** und Öl**farben**. → Yasemin malt mit Wasser- und Öl**farben**.)
Die Wortgruppen können durch **und** oder **oder** verbunden sein.

96 Auf dem Weg zum Turnier

Der Ritterjunge Lanzeflott hatte seine schönste Rüstung angezogen und ritt in hohem Tempo das beste Pferd seines Vaters. Geschickt wich das Pferd den vielen **Regen- und Schlammpfützen** aus. Auf dem Weg zur Wettkampfstätte begegnete der Junge edlen Reisenden, welche die Fahnen der **Königs- und Adelsgeschlechter** trugen. Sie nickten ihm zu und er erwiderte den Gruß. Als er sich dem **Kampf- und Reitstadion** näherte, wurde er nervös. Fast wäre er umgekehrt, doch dann sprach ihn ein Knappe an. „Wofür bist du gemeldet? Für den **Schwert- oder Lanzenkampf**?"
„Für den Lanzenkampf", stotterte Lanzeflott. Nun gab es kein Zurück mehr.

97 Wörter · diktiert am: ....

7.2 Kommasetzung

Komma bei Aufzählungen

Wenn einzelne Wörter in einem Satz in einer **Aufzählung** stehen, trennst du sie durch ein **Komma** voneinander ab. Aufpassen musst du nur bei den Wörtern **und** und **oder**: Wo sie auftauchen, brauchst du **kein Komma** (Alma liebt Gummibärchen, Erdbeeren, Nüsse und Milch.)

97 Die Befragung des Verdächtigen

„Geben Sie endlich zu, der Täter zu sein!“, sagte der Polizist. Der Verdächtige schüttelte den Kopf. „Ich habe damit nichts zu tun“, behauptete er.
„Wir haben von Ihnen am Tatort Fingerabdrücke, Fußspuren, einen Handabdruck, eine von Ihnen bezahlte Einkaufsrechnung und einen von Ihnen geschriebenen Zettel gefunden.“
„Das kann ich erklären“, erwiderte der Verdächtige. „Schließlich streite ich nicht ab, in dem Haus gewesen zu sein. Immerhin habe ich dort als Gärtner, Koch und Fahrer gearbeitet, ehe ich entlassen worden bin.“
„Und wie kommt es, dass Sie sich in letzter Zeit ein Auto, ein Fernsehgerät und einen Ledersessel gekauft haben, obwohl Sie keine Arbeit mehr haben?“
Nun sagte der Verdächtige nichts mehr.

110 Wörter · diktiert am: ....

Komma bei Konjunktionen

Viele Sätze beginnen mit Konjunktionen wie **weil, als, während, wenn, obwohl** oder **bis**. Solche Sätze werden durch ein Komma abgetrennt. Dabei ist es egal, ob der Satz mit der Konjunktion am Anfang oder am Ende steht. (Ich lese, weil ich Geschichten mag. / Wenn ich lese, vergesse ich alles andere.)

98 Der beste Freund

„**Sobald** ich nach Hause komme**,** spiele ich mit meinem Hund Schlabbermaul“, erklärte Anna in der Sachkundestunde. „Meine Eltern waren zunächst gegen ein Tier**, weil** ich angeblich noch zu jung war. **Als** ich acht geworden bin**,** hatten sie dann nichts mehr dagegen. Schlabbermaul ist mein bester Freund. Mit ihm kann ich tolle Abenteuer erleben. In den Sommerferien bleibe ich mit ihm draußen**, bis** die Sonne untergeht. Manchmal ist es aber nicht so schön, einen Hund zu haben. Ich muss nicht nur bei Sonnenschein mit ihm ins Freie**, sondern** auch bei Regen. **Wenn** er krank ist**,** mache ich mir immer große Sorgen**, obwohl** er zum Glück noch nie etwas Schlimmes hatte.

109 Wörter · diktiert am: ....

Komma bei „aber“ und „denn“
Vor Sätzen, die mit den Konjunktionen **aber** und **denn** beginnen, musst du immer ein Komma setzen. (Es regnet, aber Maria spielt trotzdem draußen. Lea bleibt zu Hause, denn es ist ihr zu kalt.)

99 Das Lieblingsspiel

Tim hat seinen besten Freund Tom zu Besuch, aber sie können sich einfach nicht einigen, was sie machen sollen. Tom will unbedingt draußen Fußballspielen, denn das Wetter ist schön. Tim hingegen hat viel mehr Lust auf ein Computerspiel. „Das musst du gesehen haben, denn sonst kennst du mein Lieblingsspiel nicht“, sagt Tim. Er schaltet den Computer ein, aber Tom wirft die ganze Zeit einen Ball unruhig von einer Hand in die andere. „Ich komme an dieser Stelle nicht weiter, aber mit deiner Hilfe könnte ich es schaffen“, erklärt Tim. „Ich helfe dir gerne, denn du bist mein bester Freund“, erwidert Tom. „Doch danach will ich raus.“
Damit ist Tim einverstanden.

110 Wörter · diktiert am: ....

Wie heißt das Gegenteil?
Schreibe alle Adjektive aus dem Diktat heraus. Schau dir die Wörter genau an und überlege dir, wie das Gegenteil dazu heißt. Schreibe nun die Gegenteile daneben.

Komma bei „und“ und „oder“

Vor den Konjunktionen **und** und **oder** musst du kein Komma setzen. Du darfst es aber tun, wenn sie Hauptsätze einleiten. (Laura mag Pferde**(,)** und Alex mag Hunde.)

100 Unterm Bett gefangen

Der junge Zauberer Fantastikus saß in der Falle. Er hatte seit einiger Zeit bei der alten Hexe ein schlechtes Gefühl gehabt (,) und das hatte sich nun bestätigt. Sie besaß den verbotenen Gegenstand (,) und das bedeutete, dass sie dem dunklen Magier folgte. Er vernahm Schritte auf der Treppe (,) und suchte im Zimmer nach einem Versteck. Passte er vielleicht unters Bett (,) oder war die Spalte zu klein? Schnell rutschte Fantastikus unter das Bett (,) und hörte, wie die Hexe das Zimmer betrat. Sie legte sich auf die Matratze (,) und kurz darauf schnarchte sie bereits. Konnte er einen Fluchtversuch wagen (,) oder schnarchte sie nur zum Schein?

109 Wörter · diktiert am: ....

Weil Jungs anders lernen!

Textaufgaben für Jungs

Die erste Lernhilfe, die Jungs gezielt fördert!

1. **Interesse wecken:** Themen wie Sport, Dinosaurier und Piraten steigern die Begeisterung für die Aufgaben.

2. **Motivation und Konzentration fördern:** Der Bewegungsdrang und Basteleifer von Jungs wird aktiv angesprochen mit Aufgaben wie „Ballwurfrechnen“ und „Hubschraubermaße ausrechnen und nachbauen“.

3. **Und so sicher in Textaufgaben werden.**

Aus dem Inhalt:

- 100 Textaufgaben, nach Klassenstufen geordnet
- Alle Themen aus dem Unterricht: Grundrechenarten, Größen, Schaubilder etc.

ISBN 978-3-12-561643-1